童年的秘密

［意］蒙台梭利◎著 艾安妮◎译

中国华侨出版社

中文版序

玛丽亚·蒙台梭利是一位伟大的教育家和医生，她是意大利的首位女医学博士。蒙台梭利出生于意大利的安科纳地区，毕业于罗马大学。毕业后，她先在罗马大学的附属精神病院作临床助手，主要研究弱智儿童教育。后来，她成为了弱智儿童学校的主任教师。过了不久，她又进入罗马大学进行心理学、教育学、哲学等方面的学习，第一所"儿童之家"也是在这一时期创办的。

在实验、观察和研究的基础上，蒙台梭利开创了蒙台梭利教学法，这一教学法一经推出就引起了很大的轰动，并使世界教育发生了革命性的巨变。蒙台梭利的教学法以卢梭、裴斯泰格齐、福禄贝尔等人的自然主义教育思想为基础，并加以自己的独特观念，她的教学法影响了整个世界。

英国教育家称赞蒙台梭利是"20世纪内被世界所承认的最伟大的教育家之一"；美国教育家认为，"在讨论学前教育问题时，必须要结合蒙台梭利的教学法，否则就称不上完全"。

在蒙台梭利的努力下，如今，世界各国的孩子都能接受到与传统教育完全不同的自主教育。她的著作已经被译成了37个国家的文字，被人们广泛传播并应用。如今，已有110多全国家完全或不完全地成立了蒙台梭利学校，还有许多国家成立了蒙台梭利协会或设立了蒙台梭利培训机构。在中国，蒙台梭利婴幼儿班和学前班也受到了家长和幼儿园的青睐。

蒙台梭利认为，孩子生来就具有一种"内在生命力"，它能够在孩子的成长过程中释放强大的力量。这种生命力是积极的、活动的，它随着孩子的成长而不断发展。蒙台梭利还指出，教育是为了激发和促进孩子发挥"内在潜力"而存在的，所以要使孩子按照自身规律获得自然和自由地发展。孩子不应该被当成物体或宠物，而应该被当成一个真真正正的人。孩子不是承载成年人思想的容器，不是可以被任意塑造的泥块或软蜡，不是用来随意雕刻的木头，也不是花园里的花草或门旁拴着的小狗。孩子是一个不断发展着的人，教育家、老师和家长们应该对孩子进行仔细观察，了解孩子的内心世界，满足孩子的内在需求。想要做到这些，首先要尊重孩子的个性发展，这样才能使孩子不受阻碍地成长。

蒙台梭利进行了大量研究后提出：孩子的发展过程中存在着"胚胎期"和敏感期，孩子的发展具有阶段性，孩子是在"工作"中成长的。

精神胚胎期是人类特有的发展阶段，这一阶段是从新生儿期开始的。孩子会在出生后无意识地吸收外界刺激，从而形成各种心理活动能力。这一时期内，成年人应该为孩子提供符合孩子内在需要的环境，把不利于孩子成长的各种因素排除掉。

敏感期使孩子产生一种强烈的、想要与外部世界接触的感情。这一时期的孩子对每样事物都充满好奇心，对事物的学习和接受能力也很强。孩子具有多种敏感期，成年人在对孩子进行教育的时候也要结合孩子所处的不同敏感期，采用不同的引导方法，以免阻碍孩子的正常发展。

0~6岁是孩子发展的第一阶段，在这一阶段中，孩子具备了心理活动功能。0~3岁是孩子的"精神胚胎期"，处于这一时期的孩子能够吸收外界的刺激，但都是无意识地进行吸收。3~6岁的孩子渐渐形成了自己的个性，他们会慢慢产生记忆，并开始有意识地进行理解等思维活动。6~12岁是孩子发展的第二阶段，在这一阶段中，孩子的心理发展相对平稳。12~18岁是孩子发展的第三阶段，经过这一阶段，孩子的身心开始走向成熟。

游戏不能培养孩子准确、求实、严肃、认真的习惯，只有"工作"才能让孩子学会遵守纪律。蒙台梭利把孩子使用教具的活动称为"工作"，并认为"工作"是孩子最喜欢的活动，他们能够在"工作"中得到多方面的发展。通过研究，蒙台梭利发现孩子会在"工作"中追求秩序、要求独立，对成年人给予他们的过多帮助表现出排斥。孩子喜欢"工作"的过程，并享受这一过程带给他们的乐趣。孩子们在"工作"的时候非常投入，只要是他们喜欢的"工作"，他们就会一遍又一遍地重复进行，不会感到厌倦。

蒙台梭利一直致力于打破传统的儿童教育的模式，帮助人们走出儿童教育的误区，最终使全天下的孩子都能够身心健康地发展。蒙台梭利的教育目的是帮助孩子更好地发展，并使他们更适应周围的环境和社会需求。在"儿童之家"的教育实践基础上，蒙台梭利写了很多著作。其中主要有《蒙台梭利早期教育法》、《儿童教育手册》、《童年的秘密》、《发现孩子》和《有吸收力的心灵》。

《蒙台梭利早期教育法》是蒙台梭利以1907年在罗马创办的第一所"儿童之家"的教育实践经验为基础而写的，出版于1909年。这是蒙台梭利的第一本儿童教育专著。该书的问世使蒙台梭利成了儿童教育领域中最有影响力的教育家之一。蒙台梭利在书中论述了对如何对孩子进行系统的观察，讨论了如何帮助孩子建立起纪律意识，讲述了自己的教育方法体系，还指出了孩子们面临的饮食问题。该书阐述了蒙台梭利教育方法的原则，并向父母、老师和教育工作者们传授了教育孩子的最佳的方法。

《儿童教育手册》是一本操作性的手册，出版于1914年。蒙台梭利在美国传授蒙台梭利方法时，有很多家长和老师对她的方法产生了兴趣，并强烈要求她把这些方法总结成一本书，于是便有了《儿童教育手册》的诞生。这本手册中讲述了"儿童之家"所运用的教具和技术，并向读者们说明了每一种教具的使用方法。蒙台梭利指出，对待不同的孩子时，所用的方法也是不同的。成年人应该为孩子们提供一个进行"自我教育"的环境，然后引导孩子自己动手实践，并在实践中不断完善自我。

《童年的秘密》出版于1936年，该书主要探索了"幼儿之谜"，解答了人们长久以来对孩子的疑惑。蒙台梭利认为，孩子只有生活在与自己年龄相适合的环境中时，他们才能正常地发育和成长。成年人的压抑使孩子喘不过气，所以我们要对孩子宽容，让他们自然地发展心理活动。书中对"精神胚胎"下了一个定义，并点明了老师们应负起的责任和正确对待孩子的方法。蒙台梭利指出，孩子的心理会畸变会阻碍孩子的发展，成年人可以帮助孩子、指导孩子，但绝对不可以代替孩子去工作。

《发现孩子》一书向全天下的家长、老师和教育工作者们揭示了培养孩子、了解孩子和爱孩子的新观念、新方法。该书出版于1948年，作者在书中从心理学、生理学、教育学等多个领域不同角度地为我们揭示了"孩子"这一教育中的主体的种种奥秘。她指出，我们应该注意到孩子的本能和孩子的根本需求，不要干涉孩子的活动，要给孩子足够的、自由的发展空间。她也指出，很多老师和家长在照顾孩子和教育孩子的过程中使用了一些错误的做法，并指出这些做法很可能对孩子的一生产生不良影响。

《有吸收力的心灵》是蒙台梭利最后一部儿童教育学著作，出版于1949年。该书是由蒙台梭利在印度举办的国际训练班的讲义整理成的。她强调了双手的活动能够帮助孩子发展智力，独立生活是孩子"自然成长"的基础，孩子在教育中不会得到知识，他们只有亲自经历过一些事情，才能够真正明白这些事情的意义。作为老师和教育工作者，不要把对孩子的教育集中在

"教"上，而是要让孩子在符合自身实际的环境中驾驭环境，并找到最适合自己发展的方法。

为了让中国的家长、老师和教育工作者们更好地理解蒙台梭利的教育思想，掌握真正对孩子有帮助的教育方法，我们对上述五本蒙台梭利的主要著作进行翻译，推出了这套蒙台梭利著作的译本。这套书中列举了大量实例，并运用了大量比喻，生动有趣，希望所有的家长朋友们和教育工作者们能够从中得到启示，能够运用更加合理的方法帮助孩子发展。

译者序

童年时期的经历会对一个人日后的发展产生重大影响，一个人如果在童年时期受到了太多压抑、束缚或不公平的对待，他在进入成人社会之后就会面临很多困扰，而且无法适应成年人的世界。可是在现实世界中，孩子时时刻刻都受到成年人的干扰，我们制止他们的一切行为，不许他们有自己的想法，并企图按照自己的标准"制造"一个和我们一样的孩子。我们的心里想着，我们做的一切都是为了孩子好，却从来没有意识到，孩子并不需要我们的这种"关心"。

成年人不了解孩子的心理，并常常无意识地给孩子的心灵烙上烙印。这些创伤，几乎全部都是因为我们不了解儿童的心理所造成的。还有很多时候，成年人教育孩子只是出于自己的目的。我们害怕自己的生活被孩子破坏，也害怕自己的东西被孩子毁坏，所以我们总是控制孩子的行为，不许他们乱动。蒙台梭利说："成年人的心是贪婪的，对于自己所拥有的一切物品都有强烈的保护欲。然而成年人却喜欢用'有责任正确地教育孩子'这个信条为借口，把自己真实的贪婪掩藏起来。"孩子需要通过动手才能发展。他们具有工作的天性，有发挥潜能的欲望，我们却给他们设置了许多的障碍，阻碍了他们的发展。

蒙台梭利指出："只有在一个不受约束的环境中，孩子的心理生活才能自然地发展，并把内心的秘密展现出来。"孩子正在经历一个从不存在到存在、从潜在性到实际性的过程。作为家长和老师，我们应该做的就是为处于这一时期的孩子打开一道通往自由的大门，让他们进入一个可以自由创造和发展的领域。

童年是人生中的一个重要时期。想要帮助童年时期的孩子健康成长，就要了解孩子在这一时期的生理和心理特点。《童年的秘密》一书揭示了孩子发育和成长过程中的秘密。

孩子是一个"精神胚胎"，只有教育才能帮助他们形成一个健康的"精神世界"。孩子心理的发展中存在许多"敏感期"，如秩序的敏感期、细节的敏感期、行走的敏感期、手的敏感期、语言的敏感期等。我们应该关注这些敏感期，并为孩子提供相应的帮助。如果我们对孩子采用了错误的手段，就会导致孩子的心理偏离正轨。孩子心理偏离正轨的表现主要有心灵的神游、心理障碍、依附、占有欲、权力欲、自卑感、恐惧和说谎。打骂孩子并不能消除孩子的这些表现，反而会使情况更严重。

在本书中，蒙台梭利详细而生动地描绘了孩子的生理和心理特征，揭开孩子成长的奥秘，区分了孩子的工作和成年人的工作之间的差别，通过阅读《童年的秘密》一书，我们可以明白孩子的智力是如何发展的，以及应该如何用正确的方式对待孩子。

目录
Contents

001　**Part 1**　孩子的世纪

008　**Part 2**　成年人对孩子犯下的罪行

013　**Part 3**　新生命的本能

017　**Part 4**　照看新生儿的方式

022　**Part 5**　母性的本能是上天赐予的

026　**Part 6**　婴儿是一个精神胚胎

035　**Part 7**　孩子的心理发展过程

050　**Part 8**　孩子心中的秩序感

063　**Part 9**　孩子智力的发展过程

076　**Part 10**　强制性睡眠对孩子的危害

082　**Part 11**　孩子在行走中遇到的障碍

088　**Part 12**　手和孩子成长发育的关系

097　**Part 13**　行动的节奏

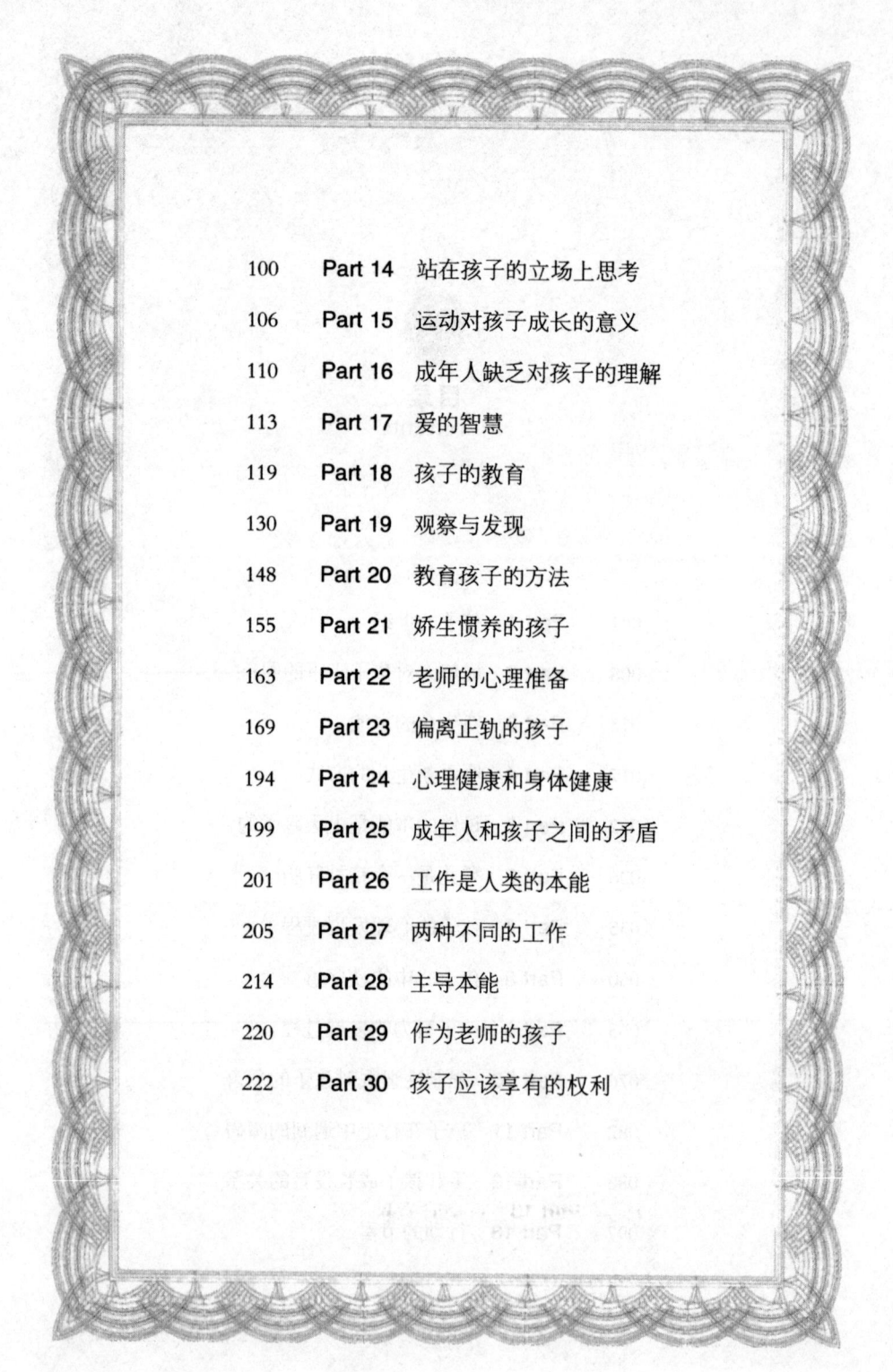

100	Part 14	站在孩子的立场上思考
106	Part 15	运动对孩子成长的意义
110	Part 16	成年人缺乏对孩子的理解
113	Part 17	爱的智慧
119	Part 18	孩子的教育
130	Part 19	观察与发现
148	Part 20	教育孩子的方法
155	Part 21	娇生惯养的孩子
163	Part 22	老师的心理准备
169	Part 23	偏离正轨的孩子
194	Part 24	心理健康和身体健康
199	Part 25	成年人和孩子之间的矛盾
201	Part 26	工作是人类的本能
205	Part 27	两种不同的工作
214	Part 28	主导本能
220	Part 29	作为老师的孩子
222	Part 30	孩子应该享有的权利

Part 1
孩子的世纪

近年来，孩子们得到了更多的健康保障。越来越多的孩子得到了悉心照料并接受到了良好教育，这不仅是因为从19世纪90年代开始，人们的生活水平得到了提高，有关儿童护理和儿童教育方面的知识得到了增长，还因为人们渐渐提高了对这两方面的认识。人们开始对孩子的个性展开研究，并得到了一些启示。

如今，无论我们研究医学、哲学或是社会学，都离不开对儿童问题的研究，因为一旦离开了，我们的这些研究就很难有所进展。我们都知道，胚胎学对生物学和进化研究有重大的启发，然而与儿童问题对科学产生的启发相比，前者的重要性远远不及后者。正是因为对孩子的研究能够触及人类的所有难题，我们才提出要格外重视对孩子的研究。

如果孩子仅作为一种肉体上的存在而不是作为精神上的存在，那么他们就不能为人类的发展提供如此强大的原动力。人类的发展进程是由孩子的精神决定的，只有孩子的精神才能引导人类向更高级的文明迈进。

瑞典作家艾伦·凯曾预言道："未来的世纪将是一个属于孩子的世纪。"维克多·伊曼纽尔三世在他的第一次演讲中也有过类似的表述。如果人们有意识查阅下这些预言和演讲出现的时间，我们就不难发现，它们都是发表在1900年，也就是20世纪的开端。此时的人们正在对新世纪进行展望，他们把新世纪称为"孩子的世纪"。

19世纪90年代，艾伦·凯和维克多·伊曼纽尔的言论印证了科学的变化，人们开始思考与孩子有关的事情。经过思考，人们才意识到孩子们一直在饱受着各种传染病的威胁。太多的孩子死于传染病，相比之下，成年人的死亡率还不到孩子死亡率的1/10。除了生命受到威胁，孩子还要承受着来自学校的各种责罚。

也许在孩子的世界中，有一些被深深埋藏起来的神秘物体，这些东西能够帮助我们揭开心灵的面纱，可是，却没人能够看清孩子的世界是什么样子的。所以人们也无从得知，在孩子心中是否有一种能够解决成人世界和社会中某些难题的神秘力量。想要从事儿童研究，就要先发现这些神秘的力量，奠定儿童研究的基础。

孩子与心理分析

潜意识是人们在过去很少探索或涉及的领域。如今，心理分析在这一领域打开了一道门。虽然心理分析不能解决人们生活上的问题，但却可以帮助我们了解孩子的世界。或者我们可以这样说，在过去，人们内心的秘密就像是天涯海角或是大力神赫拉克勒斯的石柱，是心理学无法通过意识分析到达的地方；如今，心理分析给了我们了解其他人内心的机会，让我们感到豁然开朗。如果说潜意识是一片汪洋，那么，我们一天无法运用心理分析测量出它的深度和宽度，就一天无法了解到孩子的心理情况，更无法解释为什么孩子的心理能使我们对人类的问题产生更深刻的认识。

众所周知，心理分析一开始只是用于治疗精神病人的一种手段，属于医学的一个分支。心理分析揭示了潜意识能够支配人的行动这一事实，并将这一支配过程展现在人们面前。导致人们产生心理反应的因素很难被察觉到，对潜意识的分析能够使我们发现这些原因，并能够帮助我们了解人类思想中与我们命运相关的未知世界。但是，这种分析还没有完全成熟，所以不能对整个未知世界进行探索。

精神病学者查克特于上个世纪发现了潜意识。他发现患有精神疾病的人会将自己的潜意识毫无保留地释放出来，那种情形就如同火山爆发时岩浆四溢一样。在当时，潜意识被看作是一种与显意识截然相反的症状。弗洛伊德以此为基础展开了研究，并通过一种复杂的技术找到了发现人类潜意识的方法。然而，偏见使弗洛伊德没有对正常人展开心理分析，他所做的一切研究都只针对患有精神疾病的患者。

心理测试会对人产生强烈的刺激，这种刺激的程度不亚于接受一次心灵手术。试想一下，有哪个正常人愿意接受这么痛苦的心理测试呢？弗洛伊德的心理学理论都是在治疗精神病人的过程中得出的，所以，这些理论的产生都基于对精神失常的人的心理分析。弗洛伊德发现到了潜意识的存在，然而他却将潜意识当作精神病人特有的表现。所以，他的理论并不充分。弗洛伊德所使用的方法并不能完全将精神病患者治愈，这也是由于他过于沉溺在传统的思想和经验的积累中，没有对他的那些理论加以完善导致的。事实证明，只靠临床经验和理论进行推理是不够的。

童年的秘密

在潜意识的领域中，还有大片领域未被开垦。人们对潜意识的研究还停留在初级阶段，如果想使这一研究更加充实和完善，我们就需要加入其他新的学科的知识和理念。新理念的加入有助于我们看清孩子对外界环境的反应，从而更加了解孩子的心灵是如何发展的。能够早些发现孩子内心的痛苦，我们就能早些将孩子从悬崖的边缘拉回来。这对我们更深一步地研究人类也是有好处的。

在进行心理分析的过程中，最令人惊奇的发现要属"精神病患者的病因可以追溯到他们的婴儿时期"。人们在潜意识被唤醒之后意识到，自己所有痛苦都产生于自己的童年时期。我们为这一发现而兴奋，同时也为这一发现而困惑，因为这与人们的普遍看法有着天壤之别。人们从不认为童年时期受到的伤害会对人的一生产生影响，可事实证明，这些心灵创伤恰恰是造成成年人心理疾病的根源。这些创伤一旦形成，就久久难以愈合。

让孩子内心受到伤害的人不是别人，刚好是孩子的爸爸、妈妈，以及那些在日常生活中和孩子最亲近的人，这其中，孩子的妈妈对孩子造成的伤害会更加严重。成年人不断对孩子施加压力，阻碍孩子的自然成长，这是让孩子的心灵受到伤害的主要原因。

我们在分析人的心理时，主要会针对心理的两个不同层面进行分析。当一个人必须适应某个环境，而这一环境又与他内心的真实意愿相违背时，他的心中就会产生一种冲突，这种冲突是基于本能和外界环境的冲突而产生的。因为人能够在显意识中对那些引发冲突的原因进行思考，所以这种冲突可以得到缓解。我们说，这种冲突的表现属于浅层心理表现。还有一种冲突则相对复杂，这种冲突产生于孩子和成年人之间，很少有人关注这种冲突产生的原因，所以这类冲突往往得不到解决，最多被当成生病的原因，我们称这种冲突的表现为深层心理表现。

现在的人已经开始意识到，童年时期发生的事很可能对一个人的身体和心理都产生影响，甚至使人患病。如果一个人在童年时期患上了某种疾病，他一定很难得到痊愈。这也表明，儿童时期的生活模式能够决定一个人一生的生活模式。

虽然人类医学已经对身体上的疾病进行了研究，并由此引发了一些分支学科，如胎教和婴儿保健等。社会上对孩子的身体健康也给予了更高的关注，但是却没有人从精神的角度考虑疾病产生的原因。虽然现在已经有不少人认识到，现在的成年人之所以患有心理疾病，难以适应外界环境，都是因为他们在童年时期经历了不好的事情，然而，当我们看到现在的孩子产生心理冲突时，仍然很少有人愿意为他们提供帮助。

孩子的心理冲突得不到解决，这在很大程度上与进行心理分析所需要的技术手段有关。心理分析需要借助一些技术手段，比如，让接受分析的人回忆童年时经历过的事情等。然而，孩子还处在童年期，他们没有那么多与童年有关的回忆，所以我们无法对他们进行类似这样的问话。大多数的心理分析手段都受到类似的限制，所以它们只适用于成年人，不适用于孩子。

心理分析并非完全不能为孩子提供帮助，但帮助的作用微乎其微。那么对于孩子我们应该怎样做呢？我们需要用心去观察他们，而不是不停地向他们发问，打探他们心中的隐私。观察是一种很简单的方法，不涉及心理分析的理论和技术，也不需要详细地对心理疾病进行研究和分析，然而我们要注意一点，那就是在观察孩子的时候，我们必须从心理学的角度进行，这样才能发现孩子和成人社会之间存在哪些冲突。

目前为止，人们都没有研究清楚人类的心灵发展历程是怎样的，更没有人对孩子在成长过程中遇到的障碍或是孩子与成年人之间的冲突进行描述。孩子内心的痛苦被我们忽视太久了，他们稚嫩的心中产生了迷惑，在毫无道理的一次次失败中，孩子们的潜意识中产生了自卑的心理。

"观察"是一种新的方式，我们想要了解孩子，就需要对他们多观察。孩子从出生时就对这个世界产生了自己的看法，他们会建立起一个属于自己的内心世界，我们要做的，就是走进孩子的内心世界，看看那里是什么样子的。这种方式与精神分析相似却不相同，精神分析以精神病患者为研究对象，而观察则以正常人为研究对象，并以透视孩子的精神生活为主要内容，最终达到了解孩子、使人们不再用错误的态度对待孩子的目的。观察能够使人们意识到自己的潜意识会对孩子造成不良影响。

因为儿童心理研究的对象是普通人，所以进行儿童心理研究不但能帮助孩子，还能促进心理分析的发展。只要掌握好如何进行儿童心理研究，防止孩子产生心理冲突，我们就能够预防精神病的发生。

Part 2
成年人对孩子犯下的罪行

弗洛伊德在形容成年人的心理障碍时用了一个词——"压抑",从这个词上我们就能看出真正导致人们出现心理障碍的原因。

成年人其实是一个抽象的词汇。孩子本是与社会隔离开的,当他被身边的成年人,如爸爸、妈妈、老师等人所影响时,他就会在心理上出现一些成年人的特征。这时的孩子成了一种特殊的成年人,他们会出现与成年人相似的行为和举止,同时,他们也脱离了正常的成长发育路线。

成年人肩负着使孩子接受教育和帮助孩子发展的使命。我们一直认为,是我们在守护着我们的孩子,是我们一直在为满足孩子的物质需求而努力,然而,直到我们的思想达到了一定的深度,我们才恍然发现,我们其实应该被控告,因为我们一直在做着伤害孩子的事情。可以说,几乎所有的成年人都应该被控告,因为我们都不可避免地身为孩子的父母、监护人，或与孩子最亲近的人。此外，这个社会也应该被控告，因为社会对孩子的成长也负有不可推脱的责任。我想，所有希望孩子能够获得应得利益的人都应该控告成年人所犯下的错误，并应该坚持这样做。

这一观点的提出令很多人震惊。我们仿佛听到了上帝在质问我们："我把这些孩子托付给了你们，可你们又是怎么对待他们的？"面对上帝的质问，我们不禁感到畏惧。但我们是成年人，所以我们出于本能提出抗议，并为自己辩护道："我们爱我们的孩子，我们已经为他们付出了很多。为了让他们生活得幸福，我们不计回报地付出，为他们贡献我们的时间和精力，难道这些都还不够吗？"

然而，我们在为自己辩护的同时，心里也会产生一丝犹豫。我们成年人虽然想要精心照顾孩子，也确实为孩子做了不少事情，但是不可否认，我们中的很多人仍然在如何教育孩子这个问题上徘徊不前，好像陷入了一个永远走不出去的迷宫之中。我们越是努力，就越感到无力。事实上，我们教育孩子时产生的无力感都是我们自己造成的。虽然我们并没有犯下见不得人的弥天大罪，也没有犯下让自己丢脸的低级错误，但我们却在无意之中对孩子犯了错。这一控告能够让我们更加深刻地了解我们自己，并促使我们不断进步。

面对自己所犯下的错误，人们的心里很矛盾。当人们有意识地犯下错误时，他们会为自己的错感到痛心，而当人们无意之中犯下错误时，他们则会对这份错既不承认，也不否认。其实，在这种无意识犯错的过程中，往往隐藏着能够让人们到达梦想彼岸的力量。我们只要克服这种无意识犯的错误，就能超越自己，梦想成真。

中世纪的骑士常常会进行自我反省，他们会思考自己是不是做错了什么，以及应该怎样改正。特别是在准备为了个人的荣誉而战斗前，他们都会跪在祭台前承认自己的罪过。《圣经》中记载了大量类似的例子，比如说，在尼尼微，无论是国王还是平民，所有人都希望跟随约拿，与约拿一同为自己曾犯过的错惭愧；再比如说施洗约翰能将所有人召集到约旦河畔为他们洗礼。

人们能够心甘情愿地接受别人对自己的控告，并承认自己的过错，这种现象真的很奇怪。在尖锐、持续的控告的提醒下，人们的潜意识渐渐苏醒，人们开始从不自觉向自觉转变，进一步征服自觉。正因如此，人们才能获得文明上的进步。

现在，想要不再用错误的方式对待孩子，使孩子们不再被冲突和危险的思想所折磨，我们就要进行一系列的变革。虽然成年人总是宣称自己为了孩子倾尽所有、竭尽全力。但事实上，我们正被无数的问题所困惑。想要解决这些问题，我们就必须跳出现有的圈子，接受变革，这样其他相关的问题也就能得到解决。

孩子的内心世界丰富多彩，我们对他们不甚了解，但又必须了解。我们应该用一种出海寻宝的心情来开发和探索孩子们的内心世界，因为这是我们必须做的事情。无论你身在哪个国家，属于哪一种族，拥有什么样的社会地位，你都应该参与到这一事件中来，因为只有这样，人类的精神文明才能够进步。

直到今天，成年人还是没有办法完全理解孩子，所以在成年人和孩子之间，仍存在着许多沟通方面的困难。并不是说，只要成年人提高自己的文化素养，掌握更多的知识，这些困难就能被解决，真正能够解决这些困难的方法只有反省。我们成年人必须认识到自己曾无意识犯下的过错，并准备纠正自己犯下的错，否则，我们就不能真正地理解孩子。

人会在看到药物时产生治病的联想，会在关节脱臼时产生让脱臼的部分能尽快复位的希望，这些都是人们心中自然而然产生的想法。和这些想法的产生一样，我们也会在意识到自己的过错后希望马上改正。特别是当一个人知道自己为什么会犯错后，他就再也无法忍受那种无名的痛苦。所以说，反省并没有我们想象中那么困难。只要我们能够认识到，我们曾对孩子投入了太少的关注，我们没有为他们做一些事，这些事并不是因为我们不能做，而是我们不想做。其实，当我们关注他们时，我们就能够走进孩子们的内心，并发现他们的内心世界中有着和成人世界完全不同的地方。

成年人在和孩子交往的过程中会变得自私自利，只在乎自己的想法和需求：成年人常常忽略孩子也有自己的想法，并认为，只要把孩子空无一物的内心填满东西，自己的任务就完成了；在成年人心中，孩子什么都不懂，也没有自行处事的能力，所以自己有必要为孩子做一切事情；成年人喜欢以自我为中心，并把自己的眼光和意识强加在孩子身上，结果产生了越来越多的误解；成年人认为自己是完美的，孩子的所有言行都要按照自己的设计进行。

成年人认为是自己创造了孩子，却没有想过自己的做法会压抑孩子的个性发展。如果成年人不改变以上这些对待孩子的方式，纵使他们认为自己已经做出了极大的牺牲，孩子也不会健康地成长。

Part 3
新生命的本能

沃尔夫在发表有关生殖细胞分裂的发现的同时,向人们展示了生命个体的发展与成长过程。为了阐述生物中蕴含的一种内在力量是通过怎样的方式达到既定目标的,他举了一个令人震惊的例子。

双子叶植物的种子拥有两片子叶,两片子叶间藏有胚根、胚芽和胚轴,种子会在落入适合自己生长的环境中,然后成长为一棵成熟的植物。莱布尼兹和斯帕兰扎尼等人对这一现象进行研究后认为,人类的成长过程与植物相同。他们认为,受精卵就是一个成比例缩小的人形,虽然这个"人"还不够完美,但是只要他遇到了适合自己成长的环境,他就能够成长起来。

显微镜的发明为沃尔夫提供了观察生命发展的便利条件。在研究鸟类的胚胎时,沃尔夫发现,胚胎是由单个受精卵细胞发展成的。在显微镜下,受精卵只显现出了细胞质、细胞核和细胞膜,而没有显示出鸟的形状。通过实验,沃尔夫将莱布尼兹和斯帕兰扎尼的生理学观点彻底击碎了。

其实，所有的生物都是由一个基本的生殖细胞中产生出来的。植物的胚胎也属于生殖细胞，人们之前在种子中看到的胚根、子叶、胚芽和胚轴形成的胚就是植物的胚胎。虽然生殖细胞中存在着决定遗传特征的染色体，然而我们却无法看到任何表明它如何分裂的现象。生殖细胞根据既定的生长模式进行分裂，1个分为2个，2个分为4个……直到形成一个中空的球体，这一时期被生物学家称为"桑葚期"。

球体继续向内以折叠的形式发展，最后形成原肠胚，这是一个有着双层细胞壁、口朝外的球体。器官和肌肉会在细胞经历了一系列分裂和变化后渐渐形成，这是一个复杂而漫长的过程，可是，我们却没有从这一过程中观察到任何设计方案。生殖细胞是在一个秘密的指令下进行分裂的，这个命令除了生殖细胞本身和下达命令的"人"外，再没有其他人可以得知其中的内容。

包括人类在内的所有哺乳动物的胚胎都会在发育的开始形成一个在未来会发展成心脏的小囊，这个小囊拥有自己固定的搏动节奏，其节奏比母体快一倍。所有正在形成的组织器官都要从这个小囊中汲取养分，这意味着它必须一刻不停息地进行工作。胚胎的发育在人们眼中是一个奇迹，因为它能够单凭自己的力量完成所有使命，并且不让其他人察觉。经过多种转化，这些细胞中的一些变成了软骨，一些变成了神经，还有一些变成了皮肤或其他组织，每一类组织都具备它们特有的功能。不过，我们看不到这些组织是怎样形成的，生命之神把它们隐藏在一个神秘的角落，然后悄悄地让它们成长，直到适当的时候才将由它们形成的新生命展现在人们面前。

一个小生命降临了。和生殖细胞一样，他不仅是一个物质机体，也同样具有自己的心理法则。我们无法在单个细胞中找到他的本能，但我们可以在一个活生生的机体中发现这些本能确实存在。不同的是，受精卵中包含的是整个有机体的遗传因子和未来发展，而新生儿体内包含的则是一种心理本能，这种本能能够让他适应周围的环境。所有生物都具有这方面的本能，无论是哺乳动物或是卵生动物，就连昆虫都不例外。蜜蜂具有适应复杂环境的本能，但当它们还是幼虫的时候，这种本能则不能被发现。鸟儿在被孵化之前，我们也不能从它们的蛋上看出它们会飞。

每一个新生命都具有特殊的本能，而特殊本能决定了它们的特征，并会对它们以后的生活起指导作用。外界的环境对动物的成长和世界的发展都做出了很大的贡献，它不但能够决定动物的生存手段，还能刺激动物形成自身特性。不同的动物具有不同的特性，这已是众所周知的事情。比如说，绵羊生性温顺乖巧，狮子生来凶猛残暴，蚂蚁总是不分日夜地工作，蝉只能发出孤独的低吟。

有的人认为人类是高等动物，所以心理世界也一定比低等动物高级，不需要长时间的心理发展过程。这种想法过于荒谬了。其实，新生儿和低等动物一样，都有其特有的心理规律。但与动物不同的是，孩子不会立即把自己内心的感情表现出来。因为孩子拥有很大的发展空间，所以他们不会受到在非理性生物中发现的既定本能的支配。不同的孩子拥有不同的内心世界，所以我们也应该根据孩子的不同特点，为他们提供不同的生活环境。孩子一天天地长大，他们内在的神秘力量也渐渐显露出来，这种神秘力量的出现与生殖细胞的发展有着异曲同工之处，也只能在其发展的过程中被发现。

　　所以，我们说孩子是帮助我们探索人类发展之谜的金钥匙。看起来，人类发展不受任何影响和控制，其实，它早已按一种既定的规律发展着。孩子像一棵刚刚破土而出的幼苗，需要悉心照顾。我们要保护他们，如同自然之神保护胚胎一般小心谨慎、细致入微。

Part 4
照看新生儿的方式

　　人们为了方便自己的生活，总是不断地改变着环境，甚至不管自己正在创造的这个环境是否与大自然越离越远。新生儿刚一出生就要面对一个被人们彻底改造过的环境，这对他们而言是一项极大的挑战。他们不得不为了生存而努力挣扎，然而，我们这些成年人却没有注意到他们的努力。我们没有注意到，新生儿正面临着剧烈的冲突，同时正承受着巨大的痛苦。

　　很多人认为自己对新生儿的关心已经够多了，事实上，我们所做的事情对于新生儿来说并不是真正的关心。我们把更多的关注放在了妈妈们的身上，我们认为妈妈们为了生下孩子受了太多的痛苦，所以我们要为她们提供最优良的环境，让她们得到最安稳的休息。我们为妈妈们提供了温暖而安静的病房，让她们远离强光和噪音，可是我们又是怎么对待新生儿的呢？

　　在出生前，新生儿处在一个黑暗而寂静的环境中，四周都是柔软的保护，他们在里面睡得既舒适又安稳，并习惯了这样的环境。出生后，一切都与之前的环境截然不同：突如其来的光线和噪音让他们感到恐惧，娇嫩的肉体每时每刻都被冰冷、坚硬、粗糙的物体碰触着，这更令他们感到不舒服。

人们习惯性认为，只有有经验的人才能照顾好新生儿。于是我们以自己不懂得护理新生儿，害怕不小心把他们弄伤、弄痛为由，请了一些有经验的人照顾刚出生的孩子。这些人真的能照顾好我们的孩子们吗？我们忽略了一件事，这些人有丰富的经验，有坚实的双手，却缺少足够的细心。如果一名护士只会包扎绷带和敷药，却不懂得用正确的方法移动伤者，她同样会令病人感到疼痛。同理，那些有经验的人虽然能够牢牢地抱住新生儿，可是新生儿需要的不是被紧紧地抱住，而是被温柔地托抱。

没有人在意应该如何对待新生儿。医生会把新生儿放置在保温箱里，任凭他们大哭。人们在听到新生儿的哭声时甚至感到开心，因为他们认为眼泪能够让新生儿的眼睛明亮，抽泣能使新生儿的肺活量增加。

在过去，孩子一出生就被拉直蜷缩的身体，并被襁褓紧紧地包裹起来。事实上，孩子在出生后的一个月之内都不需要穿衣服。随着人们对新生儿护理知识的增加，紧包着新生儿的襁褓已被轻薄的衣物所替换。如果能够让新生儿像画中一样赤裸着，他们会感到更加舒适。需要说明的是，我们并不是指我们不应该为新生儿保暖，而是应该让外界温度尽量接近胎儿在母体内时感受到的温度。衣服的作用是保持人体内原有的温度，而不能为人提供热量，所以我们为新生儿穿多少衣服都达不到为他们保暖的效果。在这一点上，人类应该向动物学习。动物界的妈妈们都会在幼崽出生后用身体为幼崽保温，即使这些幼崽已经长出了绒毛，妈妈们也仍然会这样做。

我想，如果全世界的妈妈听到我说人类对自己的婴儿不够关心，她们一定会想尽办法来说服我，并向我讲述她们为婴儿做过的事，以便让我看到她们对婴儿的爱。我一定会在听到她们的讲述后感到惊讶，因为我并没有完全了解世界各地的人们照顾孩子的方法。其实，我明白很多国家都在不断改进对待新生儿的方式，并且有些国家已经做得比较好了，即便如此，我还是要说，世界上还没有哪个国家能够让新生儿的需要得到充分满足。

人们把发现了从未发现过的东西和完成了从未完成过的任务称为进步，从这一点上看，我们在照顾孩子的方面的确有了进步。但同时，我们也必须承认，我们还应该为孩子做更多的事情。虽然每一位家长都信誓旦旦地说非常爱自己的孩子，但事实上，我们从孩子出生的那一天起就在时刻提防他们。我们有一种守财的本能，正是这种本能在支配着我们对待孩子的态度。我们害怕孩子弄坏我们身边的任何东西，哪怕这件东西并没有什么价值。我们的心里在想：我一定要看住我的孩子，不能让他弄坏任何东西，不能让他惹麻烦。

其实，我们只要能够了解孩子，就一定能够找到照顾他们的最好方法。我们不应该把对新生儿的照顾局限在避免他们受到外伤上，还要尽可能地让他们产生能够适应周围环境的心理。很多事实向我们证明，我们都需要接受这方面的学习。

在富裕的家庭，孩子的父母会为孩子提供优越的物质条件，如华丽的摇篮和漂亮的衣服。这些父母认为，越奢侈的生活越能让孩子幸福。如果在他们所处的时代，鞭笞孩子也是一种时尚和流行的象征，他们也会不惜一切代价制作一条用金子做把手的鞭子，然后用这根鞭子鞭笞孩子。事实上，孩子需要的不是优越的物质，而是心理上的幸福。比如说，他们最需要的是光线适宜、温暖且安静的房间，而不是华丽的衣服。

我们在抱新生儿的时候也要注意方法，不可以太用力。新生儿刚刚脱离母体，这一经历等于刚刚从死亡的边缘爬回来。如果他们出现皮下出血的情况，这说明他们的止血机能受到了损伤；如果他们表现出呼吸困难，这时我们应该为他们供氧。我们不应该以一种怜悯的态度对待新生儿，而是应该怀着崇敬的感情对待他们。

我曾见到一个婴儿在不小心掉入水桶中时眼中流露出极度的恐惧。当他的身体在下沉时，他的眼睛张得很大，胳膊和腿拼命地向上伸。

我们在触摸孩子的时候，不禁想起了祭台前的牧师。牧师的手是纯洁的，他在寂静和黑暗中进行活动，偶尔有光穿过彩色的玻璃，静静地洒在教堂中。牧师在进行每一个动作前都会深思熟虑，并营造出一种神圣和崇高的氛围，这种氛围正是新生儿所需要的。

对比一下我们照顾妈妈们和照顾新生儿们的不同方式，我们就能清晰地明白我们哪里做得不对。

我们害怕打扰刚刚分娩过的妈妈们，为了让她们在足够安静的环境中休息，我们抱走了她们的孩子，直到孩子需要吃奶时再抱过来。没有人会让一位刚刚分娩结束的妈妈马上穿戴整齐去参加宴会，可是我们却给新生儿穿上漂亮的衣服，然后像打包礼品一样用丝带在他们身上打结，以至于他们没有办法享受安静。等到他们需要吃奶了，我们把他们从摇篮里抱出来，抬到肩上，然后再把他们放到妈妈们的身边。我们在折腾这些刚出生不久的小家伙们，可是我们却不认为我们做的是错的，甚至有些人还把这些行为当成是理所应当。他们认为只有傻瓜才会对这些感觉不到痛苦和欢乐的新生儿小心翼翼。

的确，得了重病、不省人事的成年人会需要多一些的身体上的帮助，少一些心理上的关心，然而我们不能用同样的方式对待新生儿。新生儿不是病人，但他们比病人还要脆弱。

人生之中最艰难的时刻就是出生的时刻。婴儿期是每个人生命中的第一个时期，如果我们在这一时期内受到了压迫，感受到痛苦，那么我们一生都很难过上幸福的生活。多年来，人们忽略了这一点，导致很多成年人产生了各种心理上的问题，值得庆幸的是，现在的人们已经提高了这方面的认识。

我认为，在孩子的身上，一定藏着一些人类成长所必需的要素，只要我们能够发现它们，我们就能让未来的人过上幸福的生活。虽然如此，但我们并不知道如何照顾新生儿，就如《约翰福音》的序中有一句话说的："他活在这个世界里，这个世界却对他一无所知。"

Part 5
母性的本能是上天赐予的

哺乳动物能够在哺乳期精心照顾自己的后代,比如说猫妈妈会在生下小猫后,把刚出生的小猫藏到光线照射不到的地方。猫妈妈的警惕性十分高,它不许任何人看见自己刚出生的孩子,更不许任何人接近自己的孩子。直到小猫的身上长满了绒毛,可以走得稳当并能够蹦跳后,猫妈妈才会让小猫到外面活动。

几乎所有动物都会用这样的方式照顾自己的孩子,在野外生活的野生动物在这一方面更加谨慎。虽然大多数野生动物都过着群居的生活,然而如果其中一位妈妈马上就要产下宝宝,它一定会躲到一个别人找不到自己的地方。等到幼崽出生后,它也不会马上回到自己的群体中,而是带着孩子继续过着和群体隔离的生活。有的动物隔离大约两三个星期就会回到自己的群体中,有些动物则需要隔离一个月左右的时间。在隔离期间,妈妈会承担起孩子的全部生活,不但扮演着保姆的角色,还要成为孩子的帮手。妈妈会确保孩子的所在地既安静又安全，远离强光和野兽。虽然动物的幼崽在出生后不久就能够站立和行走，但是它们的妈妈还是会在它们身边保护它们、照顾它们。等到这些孩子完全强壮起来，并能够适应新环境后，妈妈们才会把它们带回到家族和群体中。

雌性高等动物如母马、母野牛、母野猪、母狼和母老虎等，它们都具有天生的母性本能，而且这种本能的表现基本相同。它们对后代全心全意、无微不至的照顾令我们感动。

野牛妈妈会在宝宝出生后带着刚出生的宝宝离开野牛群数周。在与野牛群隔离的这段时间里，野牛妈妈对小野牛展示出了母爱的伟大。小野牛感到寒冷时，野牛妈妈会用前腿把小野牛"抱"在怀中，给它取暖；小野牛的身上脏了，野牛妈妈会用舌头温柔地舔遍小野牛的全身，直到小野牛又变得干干净净；小野牛感到饥饿时，为了方便小野牛在自己的身下喝奶，野牛妈妈会抬起一条腿，用剩下的3条腿站立。回到野牛群当中后，野牛妈妈对小野牛的照顾丝毫没有减弱，这种情形在所有雌性的四肢哺乳动物群体中都十分常见。

除了为自己的后代提供无微不至的照顾，有些动物的妈妈还会为了孩子的将来考虑，甚至连孩子以后的生活环境都考虑到了。为了给孩子建一个安乐窝，这些妈妈可谓是费尽了苦心。狼妈妈为了寻找到一个适合孩子居住的洞穴，会在生活的范围内寻遍所有幽暗偏僻的地方，如果实在找不到这样的地方，狼妈妈就会亲自在地上掏一个洞出来，或者选择一个半截的树干当窝。为了让孩子一生下来就有一个温暖的家，狼妈妈还会拔下胸口的毛铺在窝里，这样狼宝宝一出世就能感受到安全和温暖。狼宝宝出生后，狼妈妈们的责任就更重了，不但要喂养孩子，还要抵御外来的侵袭。如果有什么动物想要靠近刚出生的小狼，哪怕是不小心走进了狼妈妈的防御范围，狼妈妈都会马上出击。

可是有的时候，动物如此感人的母性本能也会被破坏。在动物界的妈妈中，野猪妈妈是最温柔、最富有爱心的妈妈之一，可是这样温柔的妈妈却会吃掉自己刚出生的孩子。被关在笼子中的狮子妈妈也会吃掉刚出生的小狮子。这些现象表明，动物只有在自然的、不受人类干扰和束缚的环境中才能表现出母性的本能。

哺乳动物具有的母性本能让我们看到，当这些刚出生的小动物需要特殊帮助时，动物界的妈妈们都会为它们提供恰到好处的帮助。幼崽从出生到独立生活需要经历一个漫长的过程。小小的幼崽们刚经历过出生的考验，马上要面临的是一个陌生的环境，一切都是新的。在它们的能力苏醒后，它们还必须经过充分的休息。在远离群体的时间内，只有妈妈才是它们唯一可以依靠的。经过这一阶段后，它们还要在妈妈的照顾下成长几个月。

动物界的妈妈们不但关心孩子的身体需求，也关心孩子的本能发展。刚刚出生的小动物在能够独立生活之前，需要待在安静和昏暗的场所，这样它们的本能才能得到发展。所以妈妈们会把孩子藏起来。当一匹小马驹学会站立，能够识别并跟随妈妈的脚步后，它已经变得像一匹成熟的马了，然而在马妈妈眼中，这些还不够。直到小马真正具备了成年马的所有特征后，马妈妈才会让它外出生活。猫妈妈对待孩子的方式也是如此，它不许任何人接近自己的孩子，除非自己的孩子已经睁开双眼，能够自己行走。

　　大自然对动物的成长过程极为关注。当动物界的妈妈们正努力向孩子传达着关爱，并为了唤醒孩子的本能而努力时，我们可以看到，它们不但对新生儿的身体健康表示关心，也对新生儿的心理需求表现出极大的关注。

Part 6
婴儿是一个精神胚胎

　　我们在每个婴儿降临到这个世界上时，可以发现一种伴随着他们的肉体出现的神秘的精神。

　　科学把婴儿看成是一个由器官和组织混合在一起的生命体，由此可见，科学并没有考虑到婴儿的"实体化"。人们对婴儿的产生感到好奇，总想知道是什么力量使这样一个复杂的生物出现在世界上。

　　成年人应该特别关心新生儿的心理活动。如果人在出生时就具有了心理活动，那么这种心理一定会在人类成长过程中发生重大的变化。如果我们对"教育"一词的理解不仅限于"为了促进孩子的智力发展而进行的事"，而是进一步想到"促进孩子的心理发展而进行的事"，我们就可以确信一件事，即我们应该从孩子一出生就开始对他们实施教育。

　　我们可以在婴儿的意识和潜意识活动中发现，婴儿是存在心理活动的。即便我们对婴儿的心理活动并不了解，只能用浅显的、基本的概念对这些活动加以解释，我们也必须对如下事实表示认同：婴儿具有本能，这种本能不仅能够影响他的身体发育、影响他对营养的吸收效果，还能影响到他的心理活动。在动物身上也有这种本能，具体表现为"物种的特性"。

相比于其他动物，婴儿的运动发展较慢。尽管一个刚出生的婴儿能够对外界的刺激如光、触摸、声音等做出相应反应，但他几乎不具备运动的能力。

看，婴儿是多么惹人疼爱啊！在很长的一段时间内，他们不能依靠自己的力量行动，就连说话、站立这样简单的动作都做不了。他们只会用响亮的哭声吸引周围人的注意，以便能够得到身边人的帮助。婴儿需要时时刻刻被我们照看，这样的情形会持续相当长的一段时间。过了几个月、一年，甚至更久，他们学会了站立、学会了行走，又过了一年左右，他们开始学会用语言表达自己的意思。

如果我们能把"实体化"看成是能够使婴儿不断成长、学会说话并自我完善的神秘力量，那么我们就可以把婴儿的心理发展过程和生理发展过程归为"实体化"的过程。

人类不像动物，一生下来，或在出生后的短时间内就能够站立、奔跑。在很长的时间内，婴儿都没有能力自主行动。在语言发展方面，婴儿发育得也比较慢。小猫会用"喵喵"的声音和妈妈交流，小羊会用"咩咩"的声音向同伴传达信息，小马会用哀怨的嘶鸣声表达自己的愤怒。相比于动物，人类的婴儿显得特别软弱无力。

动物幼崽在本能的支配下学会行走、学会跳跃，所以它们的成长非常顺利。它们的本能决定了它们以后的行为，也决定了它们的生理器官会具有怎样的功能。在各种活动中，动物的本能被一一表现出来，这些本能具有稳定性，它们不会随着动物身体的成长而改变，所以我们可以根据动物的本能来判断它们的特性。

我们说的"心理特征"是指动物中所有高于身体生长发育本能的高级特征。我们认为，既然我们能在刚刚出生的动物身上找到这些特征，那么也应该能够在刚刚出生的婴儿身上找到这些特征。

有一种理论将动物的本能解释为"物种将从古至今一系列的经验积累后得到的结果"。本能是可以被遗传的。人类能够直立行走，能够说话，并总想要为自己的后代做些事情。可是为什么人类的遗传要经过很长的时间才能看到效果呢？有观点认为，人类没有心理发展模式，因为人类的心理生活比所有生物都要丰富、都要高级，所以人类的心理活动一定是天生就有的。这是一种愚蠢的观点。

看到这种明显的矛盾，我们隐约感觉这背后一定有一个真理。动物会把自己的心理统统通过本能表现出来，而人类却能够把心理隐藏在内心深处，不让任何人看见。可是，为什么孩子不会被固定的和预定的本能束缚呢？因为他们天生就是自由的，并且他们拥有无限的空间供他们行动。也许我们可以用一些我们身边的物品来说明这个事实。在我们日常使用的东西中，有一些是在流水线上成批生产并加工的。我们只要把这些东西的原材料放进高速运转的机器中，用不了多久，成品就会出现在传送带的另一头。这些东西的大小、形状、颜色都是一样的，没有什么特别。还有一些东西是用手工制造的，这些东西的生产过程很缓慢，并且每一个都有其独特的风格。我们总是说手工制造的商品更有价值，这是因为在制造的过程中，制造者投入了很多的心血。比如说，一件手工制品向我们展示了制造者精湛的刺绣技术，而另一件手工制品则向我们展示了制造者独特的艺术眼光。

如果我们利用这种比较对所有生物进行分析和研究，我们就可以这样描述人和动物之间的区别：动物是造物主用机器成批生产出的生物，它们都具有动物的本能和特性；而人类则是造物主用手精雕细刻出的艺术品，每一个人都有每一个人的特性。想要制成这样的一件艺术品不是件容易的事，在成品被制造出来之前，造物者要付出极大的精力和时间。单纯地复制是不能够使产品具有艺术价值的，他必须对现有的物品进行加工和创新，以便当这一艺术品出现在众人面前时，能够引起轰动的反响。为了创造出人类，造物者把自己关起来，没日没夜地工作。

在"实体化"的秘密工作下，人的个性渐渐形成。"孩子拥有无尽的潜力"这一观点已经得到了众人的认可，我们都相信孩子能够创造奇迹，可是有关"孩子是如何发展"这一问题对我们来说仍是一个谜。

我们经常提到的"肉体"是由"许多受到意志控制的肌肉"组成的一个复合体。如果没有这些"肉体"的存在，人的意志就没有办法得以体现。肌肉是运动的媒体，任何一种生物离开肌肉都无法运动。人类的肌肉组成尤其复杂，所以解剖学家们才会这样说："如果一个学生想要对肌肉有初步的认识，他就至少要对身体的所有肌肉研究7遍。"

在各种类型肌肉的相互配合下，人类才能从事复杂的活动，并有能力完成这些活动。按照肌肉的运动方式可把肌肉分为两种，一种是主动的，另一种是被动的。这两种肌肉有时一起工作，有时相互制约。就像抑制力和驱动力会为了保持一件物体的协调性和平衡性而同时作用于这件物体上一样，肌肉也会为了我们能够完成复杂的工作而共同起作用。我们说杂技演员需要较高的平衡性，小提琴演奏家需要对琴弦做出细微动作以便小提琴发出优美的声音，每一个人做每一种动作时都需要调动全身上下的肌肉，这样才能让自己所做的事呈现出完美的效果。

孩子体内蕴藏着一种能够指引人类发展的能量，可是，人们却对人类的本能持怀疑态度。

孩子的精神生活独立于、优先于人类所有的外部活动，并能够激发人类进行外部活动。我们看到新生儿无法站立，看到他们不能平稳自然地行动，于是我们认为他们的肌肉不能为身体提供力量，这种观点是错误的。当一个新生儿在缓慢地移动他的四肢时，他的肌肉也正进行活动，并为他提供力量。婴儿会吸吮、会吞咽，这两个动作也是在肌肉的协调作用下进行的。婴儿在活动中脱离了本能的束缚，他们进行的主要活动并不受本能支配，而是受到意志的支配，这种表现在他们的肌肉发达后更加明显。孩子是人类的一员，他们的发展过程即是人类的发展过程。他们会在长大后表现出自己独特的个性。

我们能在一个动物还是幼崽的时候就判断出它长大后会变成什么样子：瞪羚的腿能使它轻快地奔跑，大象能迈出沉重而笨拙的脚步，老虎会追逐弱小的动物，兔子会以青草为食。但是我们却不能在人类的婴儿时期看出丝毫和他们未来有关的事情，比如说，我们无法从一个人在婴儿期发出的含糊不清的声音中推断出他以后会说哪一种语言。婴儿期是人类形成个性的时期，婴儿会尽力注意身边的人，聆听并模仿听到的一些声音，最后形成自己的语言。在语言的形成过程中，婴儿会先一个音节一个音节地发出声音，然后用单个的词表达意思，最后才能够说出整个句子。婴儿会一边接触外界环境，一边学会调动自己的意志，并使自己的各种能力得到锻炼。所以我们可以说，婴儿从某种意义上是自己的创造者。

婴儿在出生后的一段时期会处于孤弱状态，这引起了哲学家们的关注，然而，老师和医生们却对婴儿表现出的这一状态并不在意。就好像人们常会忽略一些藏在潜意识里的东西一样，我们把婴儿的这种状态也看成了一个普遍的、没有研究价值的事实。而我们却不知道，这种孤弱状态会对孩子的精神生活产生恶劣的影响。

我们以为婴儿既没有活跃的肌肉，也没有灵敏的感觉和精神。于是，我们把婴儿的成长看成是自己的功劳，认为婴儿取得的所有进步都与他们自身没有关系。我们把自己想象成了孩子的塑造者，认为只有在我们的帮助下，孩子才能够成长起来。我们自以为是地认为帮助孩子成长是我们的责任，我们必须要对孩子进行指导，以便他们的情感、智力和意志都能够得到发展。

我们把自己想象成上帝，认为可以按照自己的想象创造人。我们以为我们有一种神秘的力量，这种力量能够保护孩子、创造孩子，其实我们只是在外部进行着创造工作。我们以为我们是孩子的救世主，其实我们的做法让孩子们感到痛苦。

孩子自己才是决定其个性发展的关键。他们的体内存在着一种特殊的力量，这股力量会按照孩子自身独特的发展规律和方式对孩子起作用，所以我们成年人不应该对孩子进行不合时宜的干预，以免阻碍这种力量的正常发挥。而事实上，人们对孩子的干预从远古时代就已经开始了。在这种干预下，孩子的天性没有办法顺利地发展，人类的本性也发生了扭曲。

没有认识到孩子拥有一种积极的精神生活是人类所面临的重大问题之一。孩子需要在一个漫长的过程中渐渐完善自己的精神生活，所以他们并没有把这种精神生活完全地表现在我们面前。他们就像被困于地牢中的灵魂，渴望阳光、微风和雨露，渴望以平稳的速度健康成长，可是每当他们想要冲出地牢的时候，就会有一股强大的力量向他们袭来，让他们备受打击。这股力量来自地牢出口看守他们的巨人，这些巨人时刻守在那里，一旦发现他们想要逃脱，就马上把他们打回到地牢里。

也许因为缺乏对"实体化"的认识，所以人们没有对这一现象做过任何准备。在"实体化"的过程中，人们遇到了许多意想不到的困难。我们把成长中的婴儿称为一个精神的胚胎，这个胚胎需要在一个特殊的环境中进行发育，就如同胎儿需要在妈妈的子宫中发育成长一样。精神胚胎需要一个充满爱的环境，因为它需要爱的滋润和保护，需要爱的温暖，需要爱的营养。它需要的不是被伤害，而是被我们接受，被这个环境接受。就是说，只有充满爱的环境才能让精神胚胎感受到安逸和自在。我们只有充分认识到这一点，才能从根本上改变对婴儿的态度，才能真正将婴儿当作一个和我们一样的生命体。

婴儿正在经历着"实体化"的过程，如果我们能够认识到这一点，那么我们就能够从中得到激励，并能够为了履行这份属于我们的责任而努力。当我们不再把婴儿当成玩具，不再忽略他们的存在，而是用一颗真心去关注他们，爱护他们时，我们就会明白，为什么罗马诗人朱维诺尔要求我们"对婴儿致以最崇高的敬意"了。

在一种神秘的力量的作用下，婴儿渐渐完成了"实体化"的过程。这是人类独有的发展过程，任何其他生物都不可能有机会经历这一过程。"实体化"的过程是漫长且艰苦的，在这一过程中，一项创造性的成就产生了。我们应该将这一成就编撰成册，让全世界的人都看到，都了解。这个小小的生命体在不断地发生变化，他们为了每一次新的尝试而努力，并用心地感受外界的环境。在与外界环境的接触中，他们的自我意识渐渐觉醒。

人类的精神世界与外界环境并非是完全隔绝的，而是会不时地进行一种交流，只不过我们无法用肉眼看到这种交流。外界环境对每一个人都起着塑造的作用，婴儿也不例外。在外界环境的影响下，人逐渐变得完美，他们的个性也渐渐融入到了环境之中。

在心灵的指引下，婴儿一天一天地成长起来，他们开始具有从事复杂活动的动力。然而，为了防止自己心灵的统治权受到剥夺，因为变得懒惰而缺乏活力，他们的心中也仍然保存着警惕性。他们的心灵会不断向他们发号施令，不许他们受到固定的本能支配，以免他们的心灵产生退化，最后陷入一团混乱之中。想要保证心灵在"实体化"的过程中不至于混乱，就要尽可能地增强心灵的活力，这样这份无止境的工作才能够有条不紊地进行下去。

所以，无论是从胚胎发育成孩子，还是从孩子成长为成年人，所经历的过程都是相似的。人的个性的形成也离不开不懈地努力。

既然如此，我们能够为我们的孩子们做些什么呢？我们要如何帮助他们，才能使他们健康地成长和发育呢？爸爸和妈妈各自提供了一个细胞，当两个细胞结合在一起的时候，受精卵就产生了。受精卵在妈妈的肚子里住了十个月后会发育成一个孩子的形状，最后降临到这个世界上。过去，我们说孩子是在爸爸妈妈的共同努力下创造出来的，这句话并不是正确的。我们应该说，所有的成年人都是婴儿创造出来的。

我们应该怀着一种神圣的心情去看待婴儿的神秘的力量，并对这种力量表示欢迎，因为人类的个性正是在这一富有创造性的时期中被确定下来的。我们也有必要对孩子的心理需要展开研究，并根据孩子的需要为他们创造出一个相应的环境。

现在，我们对这方面的研究还处于初级阶段，但我相信，只要我们在这门科学上多花一些心思，并坚持不懈地进行努力，总有一天，这门科学会向前跨出一大步。到那时，我们就一定能够认识到人类是如何发展的。

Part 7
孩子的心理发展过程

敏感期的定义

所有人都拥有感觉和知觉，就连最小的婴儿也不例外。感觉和知觉能够使婴儿产生心理上的变化，比如说话。如果我们认为婴儿在学习说话的过程中没有心理上的发展，那么我们就大错特错了。还有一些人认为，孩子天生就会说话，只不过在一开始，他们的器官还没有发育完全，所以没有办法像成年人一样表达自己的想法。这种观点也是错误的。

我们承认婴儿具备掌握语言的潜质，不仅是语言方面，他们在其他方面也同样具备潜质。婴儿的本能中，有一种本能叫作创造，凭借着创造的本能和积极的潜力，婴儿能够在自己所生存的环境中建立起另一个世界，一个属于自己的精神世界。在这一过程中，敏感期对于孩子的成长有着重要意义。

我们在讲关于孩子的成长和发育时，都是在指那些能够用肉眼看到的表面现象。直到最近，我们才开始探究婴儿内部的成长机制是如何进行的，然而我们的研究却没有得到明确的结果。随着科学的进步，我们可以采用的研究手段越来越多，其中有两种可以用在我们对婴儿内部成长机制的研究上，一种是从生理角度对与婴儿成长有关的腺体和内分泌展开研究，由于这方面的研究对婴儿的健康有重要意义，所以已经有很多人在这一方面取得了成就；另一种是从心理角度对婴儿的敏感期进行研究，这有利于人们了解孩子的心理是如何发展的。

敏感期最早是由荷兰科学家德弗利斯在动物身上发现的。我们在学校里的孩子身上也发现了这一特征，并在教学当中加以妥善应用。

我们把生物在其初期发育阶段所具有的一种特殊敏感性称为敏感期。这种禀性具有出现时间突然、持续时间短的特点。这种禀性只出现在获得某种特性的时候，一旦该生物掌握了特性，相对应的敏感度就会消失不见。生物对特性的获得需要借助短暂的刺激或潜力。而成长则不同，它受到遗传因子的影响，并需要在本能的作用下进行。进行这种本能需要一个前提条件，即受到对某种确定的活动提供的刺激。这种敏感期首先由德弗利斯在昆虫的身上发现。他通过对昆虫的各种变异进行研究，从而找到了区分它们各个明显发育期的标志。

德弗利斯用普通蝴蝶的幼虫举了一个例子。众所周知，幼虫的成长速度很快，它们的食量也大得惊人。然而，德弗利斯在研究中发现，自己所研究的幼虫在刚刚出生后的几天里，没有办法进食大片的叶子，而是只能吃一些嫩芽。出于本能，蝴蝶妈妈在产卵的时候会选择树干和树枝交接的部位，因为那里不容易被其他生物所发现。小小的蝴蝶幼虫出生后，是怎样在四周都是粗壮的树枝和浓密的树叶的环境中寻找到适合自己食用的食物的呢？答案是光线。幼虫对光线有着超强的敏感性，它们并不知道那些美味的嫩芽在什么地方，但是它们能够感觉到透过叶片洒落下来的光线，于是，它们朝着有光的方向爬过去。最终，光线把这些幼虫引到了树梢，那是布满嫩芽的地方，于是这些幼虫美美地饱餐了一顿。

这里，我们需要提一点，那就是只有不能啃食大叶子的幼虫才具有对光的敏感性。并不是说幼虫一旦长大就会失去视觉，所以光线才不能对它们造成任何影响。一旦这些幼虫长到能够吃下大叶子的时候，它们对光线的敏感性就会变弱。最后消失，幼虫不会再对任何光线产生敏感，这一敏感期也就过去了。渡过敏感期的幼虫的生活方式也发生了改变，它们开始选择新的谋生手段，并在生活中不断积累生活经验。再长大一些的幼虫不会再沉溺于进食的活动中，而是会为了制造自己的外衣而努力斋戒。它们会长时间处于一动不动的状态中，看起来好像死了一样。而在茧中，它们正在紧张地忙碌。等到它们破茧而出的那一天，我们眼前出现的不再是一只笨拙的幼虫，而是一只体态轻盈、拥有迷人双翅的蝴蝶。

在蜜蜂的世界中，只有一只雌蜂能够成为蜂王。蜂王的选拔会在蜜蜂还是幼虫的时候进行，每一只处于幼虫阶段的雌蜂都有成为蜂王的可能。一旦一只幼虫被选为蜂王，工蜂就会将一种名为"蜜蜂食料"的特殊食品献到这只幼虫面前，供它尽情享用。被选中的幼虫会在吃下这份食物后成为新的蜂王。为什么蜜蜂一定要在幼虫中选取蜂王呢？这是因为只有处于幼虫时期的蜜蜂才具有贪婪的食欲，一旦它们长成蜜蜂，这种食欲就会消失。没有了贪婪食欲的蜜蜂不能够使身体发育成蜂王所需的巨大身躯，这就是为什么蜜蜂一定要在幼虫中选取蜂王的原因。

从这些例子中,我们能总结出一点,那就是任何生物的幼体都具有一种特殊的敏感性,孩子也是如此。每一名孩子都有一种能够使他做出惊人之举的、生机勃勃的本能。如果我们没有保护好孩子的这种本能,孩子就会变得软弱、缺乏活力。作为成年人,我们不能够直接影响孩子的敏感期。然而,如果处在敏感期的孩子没有按照敏感期相应的指令行事,孩子就会失去这种力量,并且永远地失去。孩子在心理发展期间表现出了惊人的征服力,只是我们对他们的这些表现习以为常,所以没有进行深刻的思考。

从一无所知到适应这个复杂的世界,孩子经历了怎样的发展呢?他们是如何学会辨别事物的呢?他们是怎样在没有人指导的情况下,单凭自己的努力学会一门语言,并能够灵活地进行运用的呢?孩子是在生活中学会语言的。在这一过程中,他们没有感到一丝疲劳,也没有感到一丝难过。相比之下,成年人却不能只靠自己的力量适应环境。如果离开别人的帮助,我们连学会一门新语言都很困难,更不要说将这门语言运用自如了。在学习同一种知识的时候,成年人即使付出再多的努力,所取得的效果也不如孩子好。

孩子能够在敏感期内学会自我调节,并掌握一些自己从未接触过的知识。这种敏感性好比黑暗里的一道光,照亮了孩子的内心;又好比电子表中的电池,驱使着时针、分针和秒针一刻不停歇地前进。在敏感性的作用下,孩子能够用特有的、积极的方式对待周围的环境和事物。处在这一时期的孩子对周围的一切都很感兴趣,他们充满活力、富有激情,在向着一个又一个目标努力的过程中提高着自己的能力。他们不会轻易感到疲惫或无聊，除非自己已经达到了这个目标，这时，他们才会选择另外一个目标，然后向这个目标努力。

孩子的激情永远不会耗尽，他们会将激情在一件事和另一件事之间传递。他们喜欢这样的刺激，并从中感受到快乐和幸福。这种不灭的激情使人们的精神世界变得格外丰富多彩，并使人们的创造性工作一点点向完美靠拢。

人如果想要在敏感期过去以后再取得心智上的进步，就需要不断对思维进行加工，并在主观上进行努力和研究。人们在繁重的工作中感到疲惫不堪，甚至感到厌倦，这是在儿童期从来不会有的感觉。由此，我们能够看出成年人的心理状态与孩子的心理状态存在区别。孩子的内在活力能够使他们具备一种超强的征服力，他们对自然的征服是自然而然地进行的。但是如果孩子因受到创伤而不能在敏感期正常发育，那么他们就会发生心理上的紊乱甚至扭曲。我们还不十分清楚孩子为什么会受到心理创伤，也不知道他们是怎样受伤的。事实上，使孩子受伤的罪魁祸首就是我们自己。我们不知不觉中在孩子的心中烙下了不好的烙印，这些烙印是一辈子都无法抚平的。

直至今天，我们对孩子在生长发育中表现出的特性已经不再持怀疑态度。在长期的实验中，我们发现孩子会在自己的活力受到外界干扰时产生难过和愤怒。我们不懂得孩子为什么会这样，于是我们把孩子的反抗当成无理取闹，或认为孩子是为了得到娇宠所以做出这样的事情；我们认为孩子反复无常，喜欢动不动为了一点小事发脾气、耍性子；我们认为孩子是任性的，他们会毫无理由地大吵大闹。我们也注意到孩子出现的类似表现只会使事情更加恶化，然而我们仍不去探讨他们为什么这样做，只是认为他们应该得到惩罚。其实，我们只有找到让孩子产生这些行为的真正原因，才能避免这些原因不停地对孩子产生不良影响。

现在，孩子们无缘无故发脾气的原因都可以用敏感期进行解释。但是在这种心理冲突的背后，必定还有一些不同的原因，所以我们不能一次性地解释清楚所有导致孩子发脾气的原因。此外，孩子之所以会变得反复无常，完全是由于长期以来遭受成年人的错误对待。孩子各种任性的表现都与他们敏感期的心理冲突密切相关，这些表现如敏感期本身一样，不会一直存在。孩子在敏感期表现出的任性不会永远存在于孩子的生活中，但它会使孩子的心理一直处在不成熟的阶段。

孩子会在敏感期乱发脾气，是因为他们的需要没有得到满足。他们对外界感到了危险，或产生了反感，于是他们将这种心情和感觉通过发脾气表现出来。这种外在表现揭示了孩子的警觉性，只要我们满足他们内心的需要，他们就会变得安静，也就不会再觉得恐惧和不安。有时，人们会发现这样的情况，一个表现出强烈不安的孩子会在发泄过后突然变得十分安静。所以，我们必须从深层入手，挖掘出导致孩子任性的根本原因，这正是我们现在在儿童教育方面最薄弱的环节。只要我们找到导致孩子任性的原因，我们就能够更加了解我们的孩子，得知他们的心里在想些什么。一旦我们增加了对孩子的了解，我们与孩子之间的关系也会变得更加融洽。

对孩子敏感期的分析

我们可以把对孩子实体化和敏感期的研究比作一次探索性的手术。我们可以在这一研究过程中发现孩子的各种器官都具有怎样的功能。我们还可以发现，孩子会产生心理发展并不是偶然，也不是由于外部刺激的影响，而是在短暂的敏感性的引导下产生的。换句话说，孩子会被一些和他们特性相关的暂时性本能所影响，从而产生反应。虽然孩子的心理发展离不开外界环境，但环境只能为心理活动提供一个场所，而不是提供一个理由。外界环境对心理发展的意义仅在于提供了发展的必需手段，就像为我们身体的发育提供了空气和食物一样。

孩子具有不同的内在敏感性，这决定了不同的孩子会对不同的事物产生敏感，并从环境中挑选出适合自己成长发育的东西。敏感性使孩子针对某一事物敏感，就好像一束光线只能照射到一定范围内的东西一样。孩子的世界由那些能够使他们产生敏感的东西构成。这些特殊的情景和事物不但能使孩子产生敏感，还会起到帮助孩子发展自身潜力的作用。处于敏感期的孩子会利用周围的这些东西进行心理调整，其目的是为了更快地适应周围的环境，并能够进行更加轻松、准确的活动。

孩子和环境之间存在着敏感的关系，我们可以以这种关系为辅佐，进一步探索孩子心理发展的过程。也许，我们可以把孩子的创造性活动看作是在潜意识的驱使下进行的。孩子总是充满活力，他们会进行一些奇妙的活动，这些活动一旦与外界环境接触，人的意识就开始形成。最初，这个意识很混乱，不过随着时间的推移，它会逐渐变得清晰，最后形成能够进行创造性思维的意识。

我们可以从小孩子学习说话的过程中看到意识由混乱、模糊，渐渐变得清晰的这一过程。世界上的声音有许多种，有一些嘈杂，有一些悦耳，有一些高昂，有一些低沉……当数不尽的声音在同一时间内冲进孩子的耳朵时，孩子们仿佛听见了一种自己从未接触过的外语。他们把这些声音当作美妙的音乐，用心地倾听着。在他们的世界中，到处充满着这种音乐，他们那些只能在大声召唤下才能苏醒的神经纤维在这些音乐中产生震动，并根据某种命令和指挥不断改变着震动的方式。至此，这个精神胚胎开始向一个新的时期跨越。虽然我们还无从得知它的未来会发展得如何，但可以肯定的是，在这一时期里，它已将全部力量集中起来，并为每时每刻的运作而努力。

在这一时期开始之前，孩子的舌头只能用来吸吮；而如今，孩子已经开始能够感受到舌头的内在震动。这种震动并没有什么特殊的目的，只是能够让孩子得到一些不可言喻的满足感。孩子的耳朵渐渐能够分辨声音了，他们的舌头也能够更加灵活地运动了。他们感到有一种无法抗拒的力量正在对自己的舌头起作用，使舌头不由自主地进行运动。他们开始对自己的喉咙、脸颊和嘴唇有感觉。他们会在听到别人说话时望向说话的人，同时将四肢蜷起，将拳头紧握。他们会紧紧地盯着说话的人的嘴唇，并表现出十分快乐的神情。

此时的孩子正处于一个敏感期内，他们仿佛得到神助般，能够在一种神秘力量的驱使下快速成长起来。他们的内心得到了激发，这种激发产生的结果是一种高贵的、能够伴随孩子一生的品质。孩子的整个心灵都被这种激发所占据。我们仿佛看到，在孩子的内心深处，有一部充满爱的戏剧正在上演。

我们并不需要派专人注意孩子们是否正在得到这种激发，只要我们为他们提供能够满足他们内在需要的环境，这一切就会自然而然地发生了。比如说，在孩子需要掌握的所有技能中，掌握"说话"这一技能对孩子而言是最为困难的。其实，孩子每天生活在成年人的世界里，他们周围的大部分人都是成年人，这对他们学习说话而言是一个极其有利的条件。孩子能够在成年人交谈的时候得到一种语言能力的激发，可是我们却并没有注意到，孩子会对"说话"产生敏感。我们只知道孩子会在我们对他们说话时露出微笑，却不知道这微笑背后的含义——孩子很高兴我们能够用清晰的词语对他们说话。

渐渐地，孩子能够将听到的不同声音加以区分，他们能分辨出教堂的钟声，也能分辨出爸爸妈妈的歌声。所以，当他们听到我们为他们唱的催眠曲时，他们会停止嬉闹，慢慢变得安静。他们在我们一遍遍重复的歌词中感受到了宁静的快乐，于是他们的思维也平静下来，最后进入了梦乡。我们一直强调要用轻柔的声音对孩子说话，原因也在于此。我们喜欢看到孩子心满意足地对我们微笑，所以爸爸妈妈们一到晚上就会放下所有事情，然后陪伴在孩子身边为孩子讲故事、唱歌。这一现象从遥远的时代就已经开始了。

上述的事例都向我们表明，孩子具有独特的敏感性。除了这些正面的事例，还有一些反面的事例同样能够让我们看见孩子存在敏感性。敏感性一旦受到阻碍就无法正常发挥。当孩子的敏感性受到各种原因的阻碍时，他们就会用一些激烈的反应向我们表现他们的敏感性，比如说，发脾气。发脾气在我们看来是一种无意识的绝望，然而事实上，它是孩子内心产生空洞，或需要得不到满足的表现。当自己的需要得不到满足时，孩子的内心感到了困惑，他们想要进行自我保护，于是一种强烈的紧张感便产生了。

人在发脾气时会表现激动，并做出一些无目的的行为。孩子有时会突然之间发脾气，可是我们却不知道他们为什么会这样，我们没有办法从病理学的角度对他们进行分析，于是面对大吵大闹的孩子，我们不知如何是好。这种情形与发高烧有些相似。生活中，孩子有时会因为一些小病高烧不退，而事实上，这种病却不会对孩子的身体造成巨大危害。孩子会突然之间高烧，也会突然之间退烧。同样，处在心理敏感期的孩子会突然感到焦虑，而我们却查不出导致他们焦虑的原因。

其实，孩子的这种任性从他们出生之日起就存在了。我们可以把孩子的任性或发脾气看作是人类的一种反常心理的表现。人类的官能一旦出现失调，人就会生病，我们称这些疾病为官能性疾病。同理，所有的心理紊乱也属于官能性疾病的一类。我们可以把孩子第一次发脾气称为孩子心灵的第一次发病。

相比于自然状态，病理状态的特征更加显著，于是，人们对"发脾气"的现象产生了关注。一个正在发脾气的孩子处于一种故障失调状态，因此，他不会用平静的语气向人提出问题或要求对方回答。这种情况的出现与自然规律是相违背的，所以，这种异常情况很快引起了人们的注意。发脾气等各种其他异常表现都是为了维持和保护儿童在敏感期所具有的独特的生命创造力，然而，创造力保护下的儿童心灵的本能却仍然没有显现在人们面前。

不仅在生物界，人们在制造产品的时候同样会遇到这样的问题。人们会在产品制造出来后，把它们摆放在一个大玻璃罩里，以供其他人观赏或挑选。可是对于比产品更有价值的制造工厂，人们却从没有对公众开放过。人体内的各种器官就好比这些制造工厂，它们的构造和功能复杂得惊人，虽然我们所有人都在这些器官的作用下生存着，可是却没有什么人对这些器官表示出重视。自然之神时刻履行着耶稣基督的箴言："当你用你的左手帮助他人的时候，不要让你的右手知道这件事。"所以它从不让人类知道它正为人类提供着伟大的帮助。

维持人体健康的因素有很多种，如果这些因素能够互相协调最后达到平衡，那么人就可以处于一种健康的或正常的状态。我们对导致疾病发生的细节进行了许多研究，却没有考虑过这样一个问题：我们是否能够通过研究健康的人而得到一些启示呢？我们在研究残存的骨骼时发现，人类早在史前就已知道应该以怎样的方式为病人实施外科手术了。由此我们认为，人类在史前就已经了解到了疾病的相关知识，并找到了治疗疾病的方法。

尽管希腊人和埃及人在施行外科手术这一方面起步很早，尽管他们从很久以前就开始行医，但是他们并没有对人体的内部器官进行了解。血液循环的秘密是在17世纪才被人们所发现的。人们对人体进行医学解剖是从1600年开始的。人们将对病理学和疾病学的兴趣渐渐转化为对生理学的兴趣。生理学向我们阐释了什么是人类的正常功能。

如今，我们开始重视孩子的心理疾病，然而我们却还不完全懂得孩子的正常心理应该是什么样的。出现这种情况十分正常，特别是当我们考虑到心理功能具有微妙性和隐秘性时，我们就更能理解这一情况了。

如果我们不为孩子提供帮助，如果我们不对孩子所处的环境予以重视，那么我们的孩子就会一直处于危险的心理世界中。我们的孩子会面临极大的危险，就和那些从小被父母遗弃的孩子一样。孩子们不得不自己与心理发展做斗争。在这一斗争中，他们很有可能失败。我们无法帮助我们的孩子，因为我们并不知道哪些因素正在对他们起作用。心灵的创造是隐秘进行的，我们无法从一些表面现象中看出。所以我们很少注意到，有一些奇迹正在发生着。

我们不可以再对孩子的心理发展漠不关心了！我们必须从一开始就为他们提供帮助。自然之神会对我们的孩子进行塑造，所以我们不需要在这一方面做得太多。我所指的帮助是，通过孩子的外在表现观察他们的心理发展，并为孩子提供一些他们在成长过程中必需的，但是单凭他们自己的力量又做不到的手段。

如果隐秘的能量真的能够保证孩子健康成长，那么我们就可以这样认为，那些没有办法适应外界环境的孩子都存在着一些心理上的紊乱或疾病。曾经，我们不懂得婴儿保健的基本原理，于是有大批的婴儿在出生后得不到正确的对待，最后导致生理上的残缺。但这只是一方面，有一些婴儿夭折了，幸存下来的那些婴儿在长大成人后，也饱受着失明、佝偻病、跛脚和瘫痪的折磨。还有一些婴儿由于肢体残缺、器官衰退，长大后患上了结核病、麻风病、淋巴结核等疾病。

在确保孩子心理健康的方面，我们也不曾做过计划。我们让孩子生活在一个心理健康得不到任何保障的环境中，更可悲的是，我们没有对能够促使孩子的精神协调发展的秘密因素产生足够的重视。精神失调会导致一系列身心扭曲的情况发生，正如我们在生活中看到的，一些人双目失明，一些人身体虚弱，一些人发育迟缓，还有一些人死亡。那些个性骄傲的人、对权力、金钱贪婪的人和易怒的人都是由于精神失调所导致的。我说这些不只是为了向人们举例说明我的观点，我要强调的是，孩子一旦受到心灵上的创伤，就很可能诱发身体上的疾病。俗话说：差之毫厘，谬以千里。虽然人能够在任何地方生活并成长，但是生活在不同地方的孩子长大后展现出的精神面貌会有很大差距。对于孩子而言，生活在一个适合自己心灵成长的地方是最大的幸福。

观察与实例

孩子在运动中的反应能够显示出他们的心理在受到感官刺激后会发生怎样的变化。多年来，心理学家们一直致力于研究孩子在运动中的反应。他们进行了许多实验，却仍然没有找到能够证明婴儿存在心理活动的证据。但有一点是肯定的，即哪怕这种心理活动只是最初级的心理活动，它的产生也一定早于身体运动的产生。

第一个刺激是由感觉提供的。莱文的电影向我们展示了，一个婴儿在想要得到一件物品的时候，他会把整个身体向那件物品的所在的方向探过去。当他的动作一点点发展起来，并变得协调后，他才能够将各种运动分解开来。这时，他再想要得到一件物品时，不会再牵动全身，而是只会把手伸向物品摆放的地方。

再举一个发生在一个4个月大的女婴身上的例子。当成年人在讲话时，这个女婴会目不转睛地盯着正在讲话的那个人的双唇，同时嘴唇不停地嚅动。从她嚅动的嘴唇和头部固定的姿势来看，她已经被那个正在讲话的人的声音牢牢地吸引住了。这个女婴在6个月大的时候已经掌握了一些独立的音节,在她能发出这些音节之前,她一直在聆听别人说话。只要有人讲话,她就会全神贯注地聆听,从而使她的发音器官得到刺激。这种现象说明,这个女婴已经具备了激发语言动作的心理原则。也许我们只能从观察中得知婴儿的这种敏感性,而不能够从实验中发现它。

心理实验的早期阶段,常常会使接受实验的婴儿精疲力竭,这种方法是不对的。因为如果婴儿的精力消耗过多,他们的心理活动就会受到损害。所以我认为,我们应该用法布尔观察昆虫的方式来对婴儿和各年龄段的孩子的心理世界进行观察。法布尔在观察昆虫的时候,非常尊重昆虫本身的生活习性。当昆虫在属于自己的环境中辛勤工作的时候,法布尔从来不会打扰它们的工作,而是退到一个隐蔽的地方静静地观察。对孩子的观察也应该遵循这样的不打扰原则。当孩子的感官开始积累对外界环境的印象时,这是我们进行观察的最好时机,因为这时的孩子正在依靠环境自然地发展。

如果一个人想要帮助孩子,他不需要把希望寄托在复杂的观察或幻想的解释上,只要他拥有帮助孩子的愿望和与孩子有关的常识,他就能够做得到。

我们可以从一些明显的例子中发现,这种观察十分简单。婴儿不能靠自己的力量站起来,所以很多人就认为婴儿喜欢一直躺在床上。其实婴儿有一种观察周围环境的欲望,他们希望看到一些能够满足心灵需要的东西,希望能从周围的环境中获得第一个感觉印象,可是他们却只能看到雪白的天花板,除此之外,什么都看不到。一些家长在婴儿的上方挂一些玩具、铃铛之类的东西，希望能够通过这些东西吸引婴儿的注意力。可是家长们忽略了一点，躺着的婴儿无法活动头部，他们只能够转动眼球来观察周围的世界。婴儿用一种不自然的姿势关注着那些摇摆不定的东西，这样的运动对他们的身体是有害的。

有没有更好的办法呢？办法是有的，那就是把婴儿的床稍微倾斜成一定角度，也就是说让婴儿处于一个微倾的平面上，这样的位置便于婴儿观察四周的环境。还有更好的办法，那就是让婴儿脱离婴儿床的局限，在花园中尽享鲜花的芬芳、小鸟的鸣唱和小草的摇曳。

我们应该让孩子出席不同的场合，但却不要让他们身处于不同的位置。如果一个孩子能够在不同场合的同一位置观察相同的东西，他就会更加清楚这些东西应该如何使用，并记住这些东西应该摆放在哪里。他也会对有生命的东西和没有生命的东西有一个更清晰的认识。

Part 8
孩子心中的秩序感

孩子会在某一特定时期对秩序特别敏感，这一时期具有神秘的力量，它对孩子的发展非常重要。这种敏感一般出现在孩子 0~1 岁之间，并持续到孩子 2 岁的时候。一些人在听说孩子对外界秩序有一段敏感期时会感到奇怪，因为人们对孩子的普遍印象就是孩子永远是吵闹的，他们不可能具备任何的秩序感。

生活在城市里的孩子每天都要面对一个被各种东西塞满的封闭环境。这个环境不是一成不变的，有时成年人会因为各种需要改变这个环境中东西的位置。孩子无法理解成年人的这些做法，他们对成年人的复杂举动也无法做出任何判断。等到孩子过了这一对秩序的敏感期，这些混乱的感觉就成了他们心理发展中的一个障碍，并使他们的心理出现紊乱。

没有人能够清楚婴儿的心灵是什么样的，就算是每天和他们生活在一起、照顾他们衣食住行的人也不可能了解。很多时候，婴儿会毫无理由地哭泣，当我们上前对他们进行安抚的时候，他们反而表现出强烈的排斥。

这一点就足以说明，婴儿的心灵是神秘莫测的，他们的心中有一些秘密是我们不知道，也无法满足的。

婴儿会在出生后的第一个月里出现对秩序的敏感。他们会在看到一些东西按照原有位置摆放时表现出开心和兴奋。如果你按照我们所提倡的观察方式去做，那么你就会很容易发现这一点。举一个例子，有一位保姆在照看婴儿的时候发现，自己照看的这名女婴对一面灰色的由大理石构筑的古代墙壁特别感兴趣，每一次她推着这名女婴从墙边路过时，这名5个月大的女婴都会满脸的喜悦，双眼一直盯着这面墙。虽然这名女婴的家庭条件很好，她住的别墅中随处可见美丽的花朵，可是她却只对这面墙有兴趣。于是这名保姆每一次推着这名女婴出门的时候，都会把她带到这面墙的跟前，让她好好地观察这面墙，因为只有这样才能让这名女婴感到真正的快乐。

孩子在敏感期的表现会在他们遇到麻烦时表现得更加突出，比如说发脾气。大多数情况下，导致孩子发脾气的原因都可能是他们的敏感性。我可以举一些例子证明这个观点。一天，一个6个月大的女婴一个人待在屋子里，这时，一位拿着阳伞的妇女走了进来。这位妇女看到旁边有一张桌子，便顺手把阳伞放在了桌子上，谁知女婴在看到她的这一举动时立即不安起来。女婴的眼睛紧紧地盯着阳伞，突然大声地哭了起来。这位妇女以为这个女婴想要她的阳伞，于是她笑着把阳伞递给大哭不止的女婴，可是女婴不但没有停止，反而把阳伞推到了一旁，哭得更大声了。无论这位妇女如何安抚她，她都不肯停下来。这时，女婴的妈妈走了进来，这位细心的妈妈仔细地观察了一下周围便发现了孩子大哭不止的原因。妈妈拿起桌上的阳伞走了出去，然后把阳伞放到了另一间屋子里，女婴马上停止了哭泣。

从上面的例子中我们可以看到，使女婴感到不安的并不是走进屋子的妇女，而是那把阳伞放在了不该放置的位置上。在这名女婴的记忆里，阳伞不应该放在桌子上，这位妇女的举动打乱了女婴记忆中对物品摆放的秩序，所以女婴才会哭。

我们再来看另外一个例子，这个例子的主人公年龄稍微大一些，是一个1岁半的小男孩。遇到这个孩子的时候，我正和一群旅行者一同穿过那不勒斯的新洞隧道，这个小男孩也是其中的一员。对于这个年龄的孩子来说，这个隧道实在是太长了，这个孩子走了一段时间就觉得很累，于是他的妈妈把他抱了起来。他的妈妈抱着他走了一会儿后感觉很热，于是她放下孩子，脱掉了身上穿的外套，然后把外套搭在了胳膊上。当她再次把孩子抱起来时，孩子突然大哭起来，而且哭声越来越大。男孩的妈妈想要让孩子安静下来，于是不停地安抚他、劝他，可是孩子完全不听劝告，仍然哭泣不止。疲惫使男孩的妈妈也开始不安，周围的游客也开始担心这母子二人，并对他们施予了帮助。为了减轻妈妈的负担，周围的人提出轮流帮妈妈抱孩子，并鼓励这个男孩，可是这样做一点用都没有，小男孩更加不安，哭声也更大，甚至有一种歇斯底里的绝望。无奈之下，男孩的妈妈只好重新接过孩子，并把他抱在怀里。

据我看来，这个孩子一定受到了一种规律的控制，所以才会做出如此剧烈的反应。我相信这个孩子的哭泣和他的心理敏感性有关，于是我决定按照我的想法试一试。我走到这位妈妈的面前，提出要帮她穿上外套，这位妈妈对我的提议感到惊讶，因为她此时仍然感到很热。她不明白我究竟想要做什么，但是最终她还是接受了我的建议，并在我的帮助下穿好了外套。出乎她的意料，孩子不再哭了，并不停地说："衣服……肩膀……"以向妈妈表示，你的衣服应该穿在你的身上。是的，这位妈妈应该把外套穿起来，只有这样孩子才能感觉到"妈妈理解我了"。孩子高兴地抱住了妈妈，这一路上，他再没有哭泣。在这个小男孩眼中，衣服只应该被穿在身上，而不应该被随意地搭在胳膊上。他会在妈妈脱下外套时大哭大闹，是因为他记忆中的秩序被打乱了。

我也曾目睹过这样的家庭场面。一位妈妈感到身体不适，于是她躺在椅子上，并拿了两个枕头垫在身下。这时，她20个月大的女儿来到她的面前要求她给自己讲故事。妈妈不忍心拒绝女儿的要求，于是她忍着身体的不适，开始为女儿讲述一个小故事。小女孩听得全神贯注，然而妈妈由于身体上的疼痛无法再继续讲下去，于是她让仆人把自己扶到另一个房间准备睡觉。小女孩突然哭了起来，身边的人尽力安慰她，可是都没有起到作用。仆人拿起椅子上的枕头，想要把枕头送回卧室，这个小女孩突然对仆人大叫："不，不是枕头……"她想向仆人表达"请留下一些什么在这里"的意思。

家人对小女孩说了很多好话，并带她到妈妈的身边。妈妈以为硬撑着身体的不适为女儿讲故事，女儿就会满足，可是小女孩仍然在哭，并一边哭一边向妈妈说道："椅子！"她想用这种方法告诉妈妈"你应该坐在椅子上"。这时的小女孩对故事已经不再感兴趣，因为在她的印象中，妈妈应该坐在椅子上给自己讲故事。她认为，故事在哪个房间开始的，就应该在哪个房间结束，并且妈妈也应该在相同的位置给自己讲故事。

从我列举的这些例子中，我们能够看到，孩子拥有强烈的秩序感，这是他们的一种本能。没有人会想到，这种本能在孩子还小的时候就已经存在了。只不过我们很难理解孩子们为了表达自己的秩序感而付出的努力。一个2岁的孩子会用一种不声不响的方式向人们表达自己对秩序的敏感性，他们把这种敏感性当成自己的行动指南。

在我们的学校中，孩子们的这些行为形成了一种十分有趣的现象。如果我们不小心把什么东西放错了位置，孩子们就会最先发现，并把这些东西放回它本应该在的位置。这个年龄的孩子会格外关注生活中的小细节，哪怕只有一点不协调，他们都会发现。相比之下，年龄大一点的孩子就不会注意到这些，成年人更不会注意到。如果我们用过肥皂后把它放在了洗手台上而不是放在肥皂盒里，或是在起身离去后把椅子摆在了不恰当的地方，这些细节就会被那些2岁大的孩子们发现。然后，这些2岁大的孩子就会把肥皂放回到肥皂盒里，并把椅子摆回原处。

孩子会在看到某些东西被无序摆放时受到一种刺激，这种刺激就像一种指令，能够指导孩子们的行动。除此之外，这种敏感性还包含了更多其他的意义。秩序感是生命的一种需要，人会在秩序感得到满足的时候感受到真正的快乐。事实上，3~4岁的孩子也会有做完练习后，把使用过的物品各归各位的习惯，他们在做这样的事情时感受到了很大的乐趣。因为拥有秩序感，他们才能够意识到每样物品都有其相应的摆放位置，并能够记得每样物品应该摆放在环境中的具体位置。这就意味着，人具有适应自己所在环境的能力，也具有从细节上支配环境的能力。心灵和环境之间进行着这样的协调：一个人可以闭着眼睛到处行走，并且只要一伸手就能够拿到自己想要得到的东西。这样的环境是使人感到平静和快乐的必要条件。

孩子热爱秩序，但这种热爱和成年人的热爱是不同的。成年人需要秩序是因为他们能从秩序中感到外在的快乐，而孩子对秩序的需要是发自内心的。孩子对秩序的需要程度非常强烈，就好像鱼儿需要大海，动物需要陆地一样。在出生后的第一年内，孩子需要从即将面临的环境中找到最有利于自己生存的原则，以便能够在将来支配这一环境。孩子是在环境中被塑造出来的，所以他们需要的绝不仅是一些模糊的、建设性的模式，还需要一些精确的、坚定不移的原则对他们进行指引。

我们从一些年龄很小的孩子在游戏中的表现发现，秩序能够使孩子感到自然而然的快乐。我们对这些缺乏逻辑的游戏感到吃惊，但是我们也发现，孩子因为游戏为他们提供了能够在固定的位置找到安放在那里的物品而感到开心。

我想在进行进一步阐述之前举一个例子，这是日内瓦的皮亚杰教授对自己的孩子做过的一项试验。皮亚杰教授把一样东西藏在一间屋子里的一个椅垫下，然后让自己的孩子离开这间屋子，并把这样东西从椅垫下拿了出来。然后，教授把这样东西重新藏好，新选择的藏匿地点是这把椅子对面的椅垫下。做好这一切准备工作后，皮亚杰教授再一次让孩子进到屋子里来，他希望孩子能够先在第一把椅子的椅垫下寻找东西，并在发现东西不见之后去对面的椅垫下寻找。孩子走进屋子，径直地走到第一把椅子前，掀开椅垫寻找东西。当他发现东西不见了之后，他并没有去其他地方寻找，而是走到爸爸面前，用不完整的语言对爸爸说："没了。"皮亚杰教授当着孩子的面重新演示了一遍自己藏东西的过程：先把第一个椅垫下的东西拿出来，然后把这样东西放到了第二把椅子的椅垫下。然后，皮亚杰教授满怀希望地再一次告诉孩子把东西找出来，可是孩子的表现仍旧和之前一样，在第一把椅子的椅垫下看了一遍，然后告诉爸爸"没了"。皮亚杰教授很生气，他认为自己的孩子脑子不太好使，于是不耐烦地把藏着东西的椅子的椅垫掀起来，冲着孩子问道："你没看见我把东西放在这里了吗？"他的孩子回答："是的，我看到了。"随后孩子指着第一把椅子说："可是它应该放在那里的。"

孩子对能够找到东西这一结果并没有兴趣，真正让他感兴趣的事情是能够在东西应该在的地方找到这样东西。孩子对教授的做法很不理解，并认为教授不懂得这种游戏的真正意义。在孩子看来，如果被寻找的东西不放在它应该放置的地方，那么这种游戏就失去了意义。

我曾观察过一些两三岁的孩子玩一种捉迷藏游戏的过程，并对我观察到的结果感到惊讶不已。这些孩子对所玩的游戏充满了兴趣，他们玩得很激动、很开心。那么，他们是怎样玩游戏的呢？在他们玩游戏的房间里摆了一张大桌子，桌子上铺着很大的桌布，桌布的边缘垂到了地上。一个孩子当着其他小伙伴的面掀开桌布，爬到桌子下面藏好。他的同伴们一起走出房间，然后再回到房间，掀开桌布，找到藏在桌子下面的孩子。这时大家都为这一发现欢呼雀跃。他们一遍又一遍地重复着这个游戏，并轮流藏在桌子下面。每个孩子都玩得很尽兴。

然而年龄稍大一些的孩子就不会这样做。我曾见过一群大一点的孩子在陪一个幼小的孩子玩这个游戏，那个幼小的孩子把自己藏到一件家具后等待大孩子们来找自己，而大孩子们却假装没有看到这个幼小的孩子。大孩子们绕过这个家具，在屋子里到处寻找，他们以为这样做会让那个幼小的孩子感到开心。可是那个幼小的孩子却冲他们大叫道："我在这里。"意思是"难道你们看不到我藏在这里吗？"

有一天，我站在一旁观看一群幼儿做这样的游戏。一群幼儿因为找到了躲在门后的同伴一边嚷嚷，一边高兴地拍手。当他们看到我站在一旁时，他们走到我面前问我为什么不把自己藏起来，和他们一起玩。

如果游戏的目的是使人感到快乐，那么从孩子很高兴地重复着这种在我们看来荒唐的行为中，我们可以得知，对于处在这一时期的孩子来说，在适当的地方找到应该在那里的东西就是一种极大的快乐。在他们的字典里，"躲藏"的意思就是能够在一个隐蔽的地方找到一样东西或一个人。他们这样形容这件事："你们看不到它在哪里，但是我知道它就在那儿，即使闭着眼睛，我也能够找到它。"

从上述的这些事例中我们知道了，孩子对秩序有一种敏感性，这种敏感性是大自然赋予他们的。这种感觉是内在的，它能使人不仅针对物体本身区分物体之间的联系。这种敏感性使外在环境的各个部分产生相互依赖，从而形成一个整体。如果一个人能够对这种环境产生适应，那么他就能够对自己的行动做出指引，并向着特定的目的地前进。如果一个人的脑子中只有一些杂乱无章的图像，这就和我们由于不懂得家具之间的秩序关系，而在一间屋子里乱七八糟地摆满了家具一样。我们生活在一个不按秩序摆放家具的屋子里时，生活质量必然会下降，同理，当我们不懂得处理头脑中的东西时，我们的生活也会变得一团乱，并得不到解脱。

人们在童年时期能够拥有指挥和引导自己的能力，这份能力是大自然赐予我们的。人类能够拥有智力的原因也是在敏感期得到了大自然的帮助。大自然施予我们的这种帮助为人类日后的智力发展打下了基础，就好像一位老师向学生展示了一张教室的平面图，然后让学生们第一次了解与地理相关的知识一样。大自然在敏感期内赋予我们的第一个本能是与秩序相关的，这种与秩序相关的本能就像人生中的指南针，能够教会我们如何适应世界。

孩子的内在秩序

孩子具有内部和外部两种秩序感。外部的秩序感和孩子对自己所在环境的体验相关，内部的秩序感能令孩子对自己身体的不同部分产生认识，并对这些部分所在的位置产生认识。我们把这种内在的敏感称为"内部定位"。

"内部定位"一直是心理学家们研究的课题。他们认为有一种感觉存在于人的肌肉中，人能够意识到自己的身体分为许多不同部分以及这些部分都有各自的位置，就是因为这种感觉在起作用。在人的身体里，存在着一种叫作"肌肉记忆"的特殊记忆。

这是一种机械性的解释，这种解释是以人类已经有意识地进行了活动并积累了经验为基础建立的。根据这种解释，我们可以做出如下的理解：比如，一个人伸出手去拿一些东西，那么他就会对自己进行的动作产生感知，并将这一动作过程保存在记忆中。等到他再次想要拿什么东西的时候，他就能够依照记忆进行相同的动作。一个人能够自由地选择使用哪一只手臂，并决定手臂的转动方向，是因为在此之前，他已经拥有了理性经验，并且这些经验受到自由的意志的控制。

但是孩子的行为却向我们表明了，人对身体各种姿势的高度敏感产生于拥有自由运动的能力和运动的经验之前。或者我们可以这样说，大自然提供给孩子一种特殊的敏感性，从而使孩子能够对身体的各种姿势和位置产生感受。

旧的理论是以神经系统的机制为基础而建立的。敏感期则不同，它与心理活动有着密切联系。敏感性属于洞察力和本能的范畴，意识的形成就是以这些洞察力和本能为基础的。这些敏感性是一种能量，它们自然而然地形成了，并为人类将来的心理发展提供基本原则。所以我们可以说，人类能够发展，是因为大自然为我们提供了可能性和有意识的经验。举一个证明敏感性的确存在的反面例子。如果孩子处在一个会阻碍他们敏感性正常发展的环境中，他们就会出现极度焦躁和不安的病症，还会发脾气。只要这些有害因素一天不消失，孩子就会一天无法过正常的生活。有害的因素一旦消失，孩子就不会再易怒，也不会再乱发脾气。从这一点我们可以明显地看出产生这些病症的原因。

有一个有趣的例子向我们说明了这个问题。一位保姆负责照看一个小孩子，可是有一段时间她有事要离开，于是她便找了一个很能干的保姆替自己代班。这名代班的保姆的确十分能干，她不但任劳任怨，对孩子的照顾也是细心有加。可即使这样，问题还是出现了。每当这名代班的保姆给孩子洗澡时，孩子就会表现出极大的不安，又哭又闹。不仅如此，他还在代班保姆抱着自己时拼命地挣扎，想要把这位保姆从身边推开。不管这位保姆怎么努力逗孩子开心，孩子都表现出同样的反感和厌恶，可是当原来的保姆办完事情回来后，这个孩子又恢复了平静，并且安安静静地让原来的保姆给自己洗澡。

这位保姆曾接受过我们的训练，并对为什么一些孩子会对人或物产生厌恶心理这一问题十分感兴趣，于是她对这个孩子的表现进行了观察和分析。通过观察，她发现了孩子讨厌代班保姆的原因。为什么代班保姆对孩子那么好，孩子仍然把她当成坏人呢？原因就在她给孩子洗澡的姿势上。原来的保姆在给孩子洗澡的时候会用右手靠近孩子的头，左手靠近孩子的脚，而代班保姆的动作刚好相反，正是她相反的动作让孩子感到不安和焦躁。

我又想起了一个例子，这个例子的主人公身上出现了严重的病症，而医生却无法做出病理上的诊断。一个偶然的机会，我被卷到了这件事中，虽然我并不是以医生的身份介入的，但我却给予了这个孩子适当的帮助。

例子中的主人公是个还不到1岁半的男孩，他刚刚和爸爸妈妈进行了一次长途旅行。回到家后，他便出现了许多严重的病症。首先是失眠和反胃，每天晚上到了睡觉的时间，这个孩子就会由于胃痛大声啼哭，他的妈妈没有办法，只好把他抱在怀里。孩子的爸爸妈妈一致认为，孩子一定是因为年龄太小，承受不了旅途的劳累，所以会在旅行结束后出现身体不适的情况。他们还再三强调，旅行的途中一切都很正常，孩子也没有经历过什么特别的事。他们居住的旅馆条件也非常好，那里有专门为婴儿准备的带栏杆的小床和特殊的食物，所以孩子不可能休息不好或饮食不当。

他的爸爸妈妈请来了儿科医生为自己的儿子诊治，医生为孩子提供了特殊的饮食治疗法，并提议让孩子接受日光浴、散步等其他疗法，可是都没有见效。一到晚上，全家人都只能看着孩子痛苦地在床上打滚，到了后来，这个孩子甚至开始痉挛、抽搐，每天要发生两三次。孩子的爸爸妈妈又为他请了一位著名的儿童精神病专家，他们认为孩子在旅途中一直很健康，之所以出现现在的失调，可能是由于他产生了某种精神的错乱。

当我看到这个孩子的时候，他正躺在一张大床上，身体蜷缩在一起，流露出十分痛苦的表情。我得知他们家里并没有婴儿床，每天晚上都是由妈妈抱着孩子在大床上睡觉。想到之前孩子在旅馆里居住的环境，我突然得到了一个启发。我把两个枕头平行地摆在婴儿睡的大床上以充当护栏，再把床单和毯子盖在上面，弄成旅馆里婴儿床的样子。随后，我什么话都没说，只是把这张临时搭建的小床摆在了孩子的身边。这个孩子用眼睛盯着这张"床"，渐渐地停止了哭泣，并向这张"床"爬过去。当他爬进"床"后，他嘴里不断地重复着自己用来表示摇篮的词——"凯玛"，并很快地进入了梦乡。之后，这个孩子再也没有发过病。

上面例子中的孩子会哭泣、会难受，是因为大床上没有护栏，给不了他想要的支撑感和安全感。失去了这种感觉，孩子会因为心理上的失调产生一种强烈的痛苦，并出现一种表面上看起来不能被治愈的情况。孩子会对这样的环境产生如此强烈的感觉，是因为他正处在敏感期，大自然正在这一时期发挥着创造作用。

孩子的秩序感和我们成年人的不同。我们积累了太多经验，于是变得麻木，而孩子是那么的单纯，他们正在对外界印象产生着感知。他们对这个世界一无所知，每一步成长对他们而言都是那么的艰辛，可是我们却不理解他们的艰辛，就像那些纨绔子弟不理解上一辈为了今天的财富付出了多少的汗水和代价一样。如今，我们已经有了社会地位，于是我们开始对很多事情漠不关心。我们忽略了我们也曾经历过相同的时期，如果没有以前的艰辛，我们就不能像今天一样自由地运用我们的肌肉、理性和意志。儿童时期是我们为以后的生活打基础的时期。我们在儿童时期经历了许多艰辛，付出了许多努力，所以才能在今天适应这个世界。孩子需要付出很多努力，才能从一无所知到懂得生活的道理。他们为行动而行动，这种方式如此接近生活的真谛。可是我们却无论如何也无法记起这一段日子，更无法记起我们曾用过的创造方式。

Part 9
孩子智力的发展过程

从孩子的行为中，我们可以看到，智力的发展过程和机械心理学家们所主张的有所不同，它并不是缓慢地从外部发展起来的。按照这些心理学家们的理论，外部事物敲开了我们感官的大门，强硬地闯入了我们的内心，在我们的心里留下了印象，并长久地待在那里不肯离开。等到这些印象在不断地磨合中渐渐变得有秩序，我们的智力就形成了。

曾有人这样认为："智力中的所有东西最初都起源于感觉。"这句话让我们看到他们是如何认识智力的发展过程的。这些人认为，孩子在心理上处于被动的局面，他们只能任由环境摆布。并可以由此做出推论，孩子完全受到成人的控制。与这种观点类似的还有一种观点，即孩子就像一个空玻璃瓶，他们不仅在心理上处于被动，在生理上也是如此，只能够呆坐在那里等着别人把东西塞进自己的身体里。

我们在这些方面的经验使我们意识到环境对孩子的智力发展起着重要影响。大家都知道，我们的教育体系对孩子所处的环境非常尊重，并把环境作为教学过程中的中心环节。和其他的教育体系相比，我们对孩子的感知也表现出格外地尊重。我们的观点和那种认为孩子永远处于被动的位置的观点之间存在着极大的差异。

我们强调孩子具有内在的敏感性。孩子有一个敏感期，这一时期会一直持续到他们5岁的时候。处在这一时期的孩子会用惊人的方式对这个环境中的印象进行感知。孩子在感知外部世界的时候表现得非常积极，他们并不是像镜子一样被动地将外面的事物映入自己的身体中，而是努力地用感官对外面的世界进行观察和感受。孩子是真正的观察者，他们有一种内在的冲动，这种冲动成了他们观察世界的力量。他们会根据特殊的感觉或兴趣对感官对象进行筛选，最终选定自己最想要观察的目标。詹姆士在阐述这一观点时说，在观察一件物体的时候，每个人看到的都只是这个物体的一部分，没有人能够将它的全貌观察得一清二楚。也就是说，人在观察一件物体时，会以自己的情绪和兴趣为标准进行观察。所以，对于同一个物体，不同的人会有不同的描述。詹姆士也对自己的一件事例进行了解释，他说："如果你的兴趣集中在一种新衣服上，那么你就会在马路上四处察看是否有人在穿这种衣服，这种兴趣甚至有可能导致你被来往的车辆撞伤甚至撞死。"

可能有的人会问："小孩子究竟对什么事情有特殊的兴趣呢？又是什么样的兴趣决定了孩子对外界事物的选择结果？"显然，詹姆士提到的特殊兴趣并不是在一些外在的动力下形成的。孩子在成长的开始阶段一无所知，他们的发展是独立的、不受任何人控制的。孩子在敏感期会产生一些理性，这种理性的发展具有自然性和创造性，它的发展过程与生物的成长过程十分相似，它会不断地从外界获取印象，从而提升自己的能力，最终形成孩子的特殊兴趣。

最初的动力和能量也是在这种理性的作用下渐渐形成的。各种印象被整理、排列起来，这一过程是为理性服务的。孩子所选择的印象对理性也有帮助。也许我们可以这样说，孩子在吸纳外界的印象这件事上有着如饥似渴、贪得无厌的心情。就像我们都知道，孩子会对光、色彩和声音产生浓厚的兴趣，并在被它们吸引的时候感到愉快。但是我需要强调一点，虽然这种自发运动的理性刚刚开始，但它却是内在的一种现象。我们应该对孩子的心理状态表示尊重并提供帮助。理性是人类特有的品质，一个孩子在对外界一无所知的时候就受到了理性的驱使，他还没有学会用手脚走路的时候，理性就已经存在他心里了。

也许我可以用一个例子向你们解释这个观点。我曾遇到过一件很有趣的事情，一个刚刚1个月大的婴儿从来没有离开过自己出生的那座房子。有一天，保姆抱着这个婴儿在屋里散步，这时，婴儿的爸爸和叔叔同时出现在婴儿的面前。婴儿的爸爸和叔叔年龄相仿，身材也很相似，这让婴儿感到十分吃惊。他一看到爸爸和叔叔同时出现就感到害怕，并大哭起来。他的爸爸和叔叔知道我们的工作性质，于是请我们帮他们解决这一问题。我要求婴儿的爸爸和叔叔分别站在屋子里的两个位置，以确保这个婴儿不能同时看见他们两个人，他们照着我的话做了，一个站到了左边，另一个站到了右边。果然，这个婴儿把头转向其中的一个，盯着看了一会儿，然后笑了。

然而过了一会儿，婴儿的脸上呈现出一种忧郁的神色。他迅速地把头转到另一边，看着另一边的人。看了一会儿，他也对那个人笑了。婴儿重复地转动着头部，从左到右，再从右到左，随着头部的转动，他的脸上也交替出现着喜悦和忧虑的表情。这样的动作重复了很多次后，婴儿终于意识到，原来屋子里有两个男人。之前，这个婴儿分别见过自己的爸爸和叔叔，但是因为这两个人并没有同时出现过，所以在婴儿的心里，这个屋子里只有一个和妈妈、保姆以及其他不一样的女人。虽然爸爸和叔叔分别在不同的场合抱过他，和他说过话并一起玩过，但是很显然，这个婴儿还不能够把他们区分开来。于是，当爸爸和叔叔同时出现在自己面前时，这个婴儿就一下变得警觉起来。

婴儿能够在他周围混乱的环境中认出一个男人，然而当另一个男人出现在自己面前时，他就会觉得自己一开始弄错了。虽然这个婴儿只有1个月大，但他已经能够在具体化的过程中感觉到人类的理性并没有想象中的那么可靠。

如果这个婴儿的爸爸和叔叔没有意识到刚出生的孩子能够拥有心理生活，他们就不能在孩子获得更多意识的时候为他提供相应的帮助。

我们还可以从更大一点的孩子的生活中发现类似的证据。一个6个月大的孩子正在地板上玩一个绣有花和小孩子图案的枕头，他把鼻子凑到绣着的花跟前闻了闻，又在绣着的小孩子脸上亲了亲，这一幕刚好被照顾他的保姆看到了。保姆没有接受过专门的指导，自然也不明白这个孩子为什么这么做，只当成是这个孩子喜欢闻或亲吻看见的东西，于是她找来了很多东西放到这个孩子面前，对他说："来，闻闻这个，亲亲这个。"保姆的做法让孩子感到困惑。本来，这个孩子正在平静地、幸福地对周围的图案进行识别，并试图用记忆组织自己的思想，以实现心灵内部的构建，可是保姆打断了他所做的努力。他感到很混乱，而成年人却并没有意识到自己犯了一个大错误。

如果一个孩子在进行思考的时候突然被成年人打断，他构建心灵内部的艰难工作也就受到了阻碍。他的思绪被破坏了，心理发展也无法顺利地进行下去。而成年人总是认为自己在为孩子着想，一味地把孩子拉到床上，然后哄他们睡觉。殊不知成年人的这种无知行为很可能使孩子的基本需求受到压抑。

另一方面，我们有必要让孩子保留他们所获得的清晰印象。孩子只有在获得了清晰印象，并对这些印象进行区分时，他们的智力才能够得到发展。

曾有一位儿童营养专家做过一项有趣的实验，并从中得出结论：我们在为孩子提供饮食的时候必须考虑孩子的个人因素。同样的一种食物，对于一些孩子而言是有益的，而对于另外一些孩子则是有害的。同时，他还发现了一个事实，那就是无论哪一个国家的孩子，当他们处于某一特定年龄段的时候，母乳就是他们最需要的食物。母乳为他们提供的营养要比任何营养品所提供的营养都要多。这位营养专家开了一个诊所，无论从形式上看还是从审美观点上看，他的诊所都是一个很好的典范。他关于用"母乳喂养孩子"的主张在作用于6个月以下的婴儿时取得了很好的效果，然而，这一主张对6个月以上的孩子效果却不佳。这是一个谜，因为我们能明显地感觉到，给6个月以上的孩子喂饭要比给6个月以下的孩子喂饭更加容易。

有一些妈妈因为过于贫困，不能为孩子提供足够的奶水，于是她们向这位专家请教其他喂养孩子的方式。这位专家为这些妈妈成立了一个门诊部。然而，6个月过去了，贫困家庭中在家里生活的孩子却健康地生活着，诊所里的那些孩子反而出现了失调的症状。专家对这些孩子进行了反复的观察，最后得出结论，一定有一种心理因素在影响着这个年龄段的孩子们。他们意识到自己诊所里那些6个月以上的孩子得了一种叫作"由于缺乏心灵营养而引起的倦怠"的疾病。于是他不再让这些孩子独自在诊所的平台上散步，而是让他们到一些新奇的地方参观、玩耍，让这些孩子得到足够的娱乐和消遣。果然，孩子们渐渐变得健康起来。

大量的实验向我们表明，周围的事物能够在1岁以下的孩子心中形成清晰的印象。这些孩子会记住这些事物，并能够将这些事物在图片中指出来。然而我们需要注意，一旦孩子对这些事物的印象已经非常清晰了，他们就不会再对这些事物产生兴趣。

孩子在敏感期内会对身边的一些东西产生出狂喜的感情，然而当一个孩子成长到2岁之后，漂亮的东西和鲜艳的色彩就不能够再令他感到好奇和欣喜了。他们开始把注意力集中在一些我们不会注意到的小物体和小细节上，也就是说，那些我们认为并不起眼的、没意思的东西，在这些孩子眼中恰恰是最有趣的东西。

我第一次发现这种敏感性是在一个15个月大的小女孩身上。一天，我听见花园里传来了这个女孩大笑的声音，这种笑声出现在一个小孩子身上是很不寻常的事情，于是我走过去，想看看究竟发生了什么事。我们的平台上的花园里种了一些天蓝色的葵花，在阳光的照耀下，这些花朵显得格外美丽，可是这个小女孩似乎对这些花朵一点兴趣都没有。当我走进花园时，看到这个小女孩坐在平台的砖块上，一动不动地盯着地面，脸上呈现出一种心驰神往的神态。我向地面上看了一眼，并没有发现什么值得她观看的东西。她那种不可捉摸的样子令我感到很奇怪，我慢慢地靠近她，再次仔细地看了一下她面前的那块砖，可是仍然没有发现什么东西。看到我百思不得其解的样子，小女孩郑重其事地告诉我："你看，那里有个小东西，它在动。"我顺着她的指尖望过去，终于在砖块上发现了一只小得不能再小的、颜色和砖块一模一样的虫子正在飞快地移动。明媚的阳光和满园色彩鲜艳的鲜花都没有让这个孩子产生兴趣，相反，这样一个小东西竟然会让小女孩如此兴奋，并使她兴奋地叫了起来。

还有一个年龄与这个小女孩相仿的小男孩也通过相似的方式给我留下了深刻的印象。这个男孩的妈妈收集了许多明信片，她经常把这些明信片交给孩子玩，希望孩子能够感到开心，并学到一些知识。看起来，这个孩子很喜欢这些色彩艳丽的明信片，他不仅自己看，还把这些明信片拿到我面前，让我也看一看他的宝贝。这个孩子一边向我展示他的明信片，一边对我发出稚嫩的"叭——叭"声，我知道他想向我表达，这里有汽车。于是我逐一翻看他给我的明信片，可是我看到了狮子、长颈鹿、猴子等野生动物，看到了绵羊、马、驴子、母牛等家畜，看到了蜜蜂、猫等一些生活中常见的动物，也看到了漂亮的房子和各种各样的风景，但就是没有看到汽车。

我告诉这个孩子，我没有看到汽车。这个孩子从众多的明信片中挑出了一张，并指着上面的一个小小的黑点得意地对我说："这儿，叭——叭。"这个黑点小到几乎看不见，可是只要根据画面的内容仔细观察，它的确是一辆汽车。孩子挑出的这张明信片中有一只漂亮的猎狗，一个扛着猎枪的猎人，一条小路弯弯曲曲地通向远方，在路的尽头有一座房子，路的中间便是那个黑点。孩子没有对画面中那些显而易见的东西产生兴趣，反而对这一小到快要看不见的、难以被人发现的汽车感兴趣，并想要让我也看见。于是我想，也许这个孩子只对那些小东西感兴趣，是因为他们还没有被漂亮的、有趣的东西所吸引，于是我挑了一张画着长颈鹿的明信片，指着它的脖子对孩子解释道："看它的脖子多长。"然而孩子却用认真的语气对我说："这是长颈鹿。"我再没有勇气继续讲下去了。

可以说，大自然会在一个孩子 1 岁左右的时候对他们的智力加以引导，从而使他们得到智力上的发展和进步，直到对所有的知识都有所了解。

我还可以举出更多的例子。一次，我把一本由古斯塔夫·多雷画的插图版的《新约全书》拿给一个 20 个月大的孩子看。这本书虽然是成年人看的书，但其中的插图很美丽，在这本书中，还有一幅画是拉斐尔画的《主显圣容》的复印件。我希望孩子能够对这些图画产生一些兴趣，于是指着其中一幅耶稣召唤小孩到自己身边的画给这个孩子讲解道："你看，这个小孩在耶稣的怀中仰视他，其他小孩也都围在耶稣身边，把头靠在耶稣身上，这说明所有的孩子都十分爱戴耶稣。"可是很明显，这个孩子对我所讲的并没有产生兴趣，他开始扭动身体，流露出被我忽视的表情。

我把书翻到另外一页，这时，小孩子突然对我说："他睡着了。"我不明白这个孩子在说什么，便问他："你说谁睡着了？"小孩子认真地回答我说："是耶稣，耶稣睡着了。"他示意我把书翻回到刚才的那一页，重新仔细看一遍。于是我把书翻回去，重新把这幅画看了一遍，这时我知道这个孩子为什么这么说了。在这幅画上，耶稣正俯视着周围的孩子，他的眼睑下垂，看起来就像是在睡觉。可见这个孩子被这些成年人完全不会察觉的细节所吸引了。

我继续向孩子讲解着图片。我把书翻到印有《主显圣容》的一页，指着图画对小男孩解释："看，人们看到耶稣升天了都十分惊恐。你看这个小男孩在怎样转动着他的眼睛？这个妇女是怎么伸出她的手臂的？"我知道我选择了错误的图画和讲解方式，也知道这个孩子对我讲的东西没有一点好奇心。但是我却想知道一个孩子在看到这样一幅复杂的图画时，会做出哪些和成年人不同的反应。我看到这个孩子的脸上没有一丝喜悦或好奇，他只是低声地嘟囔着，似乎在示意我继续翻书。于是我继续翻动书页。这时，这个孩子抓起了脖子上挂的一个兔子形状的饰物，叫道："兔子！"我以为他对这个饰物产生了兴趣，但他却让我把书往前翻，于是我把书翻回了《主显圣容》的那一页。在这幅画的一侧，竟然真的有一只小兔子，只不过我们平时不会注意到这一点。显然，孩子和成年人的观察视角是不同的，这种不同不仅体现在程度问题上，还体现在大小的差距上。

　　成年人总是以为三四岁的孩子什么都没有见过,于是总把一些普通的东西展示给他们看。就好像我们认为一个人是聋子,于是每次和这个人说话的时候都会费力地大声喊叫。然而当我们用尽了全力,感到筋疲力尽的时候,这个人就会向我们抗议道:"其实我一点也不聋。"

　　成年人对孩子也是如此。我们认为只有华丽的、色彩鲜艳的、震耳的东西才能让孩子产生兴趣,于是我们在孩子的世界中填满了这样的东西。这些东西的确能够吸引孩子的注意力,可是只要我们仔细观察孩子是如何被明亮的灯光、飘舞的彩旗、响亮的声音所吸引的,我们就会发现,这种吸引力产生得快,消失得也快。这种吸引只会分散孩子的注意力,对孩子没有丝毫益处可言。也许我们可以将这种现象和我们自己的行为方式进行对比。当我们正在读一本有趣的书时,窗外突然锣鼓喧天,于是我们就会停止阅读,起身来到窗边向外张望,看看外面究竟发生了什么事。其实,我们很难在看到一个人起身走到窗边观看时就确定,这个人很容易被响亮的声音所吸引。但是我们却把这样的推论用在了孩子身上。事实上,孩子能够被外界的强烈刺激吸引,但这种现象并不重要,它并不能与孩子的内心世界产生必然的联系。

　　真正决定孩子发展的是孩子的内心。他们总是对我们毫不在意的东西产生浓厚的兴趣,并自然而然地对这些东西进行观察,从而我们可以得知,孩子的内心世界十分独特。但是,如果我们看到一个人被一个小东西吸引，并全神贯注地盯着这个东西，我们并不可以说这个人对这个小东西产生了深刻的印象，或许他只是对这个小东西产生了一种富有感情的理解。

对于成年人来说，孩子的心理像是一道解不开的难题，这是因为我们并没有研究孩子的内在的精神力量，而是只根据他们的外在表现进行判断。我们应产生这样的认识，即在孩子的行为背后，存在着一个只要我们努力，就可以弄清的原因。孩子不会没有原因、没有动机地去做一件事情。我们容易把孩子做的每一件事都当成他们一时兴起，但一时兴起的背后也有许多的原因。了解孩子的心理不是件容易的事情，我们很难找到解开这道难题的方法，更难以得到正确的答案。不过，这种研究也非常有趣，成年人只有以一种新的态度对待孩子，增强自身对孩子的责任感，才能找到想要的答案。这就意味着成年人必须作为一名研究者而不是统治者或专制的法官，在和孩子交谈的时候，成年人不应该思想麻木地听，而应该多思考。

说到这里，我想起一件事。我曾和几位妇女一起讨论儿童书籍中的问题。一位年轻的妈妈向我提出："一些儿童书籍的内容很可笑，插图也很奇怪。就拿这本名叫《小黑人萨博》的书来说吧。一个叫萨博的黑人小孩在生日那天得到了爸爸妈妈给他买的新帽子、新衣服、新鞋子和新长袜。他非常高兴，迫不及待地想要向同伴们炫耀，于是趁着爸爸妈妈给自己做晚饭的时候溜出了家门。一路上，萨博遇到了很多不开心的动物，为了让这些动物开心起来，他把自己得到的礼物送给了它们。萨博把帽子送给了长颈鹿,把鞋子送给了老虎,等等。等他回到家时,他已经什么都没有了。但这个故事有一个圆满的结局,因为在最后一页上,我们能看到,爸爸妈妈看到光着身子的萨博后并没有生气,还把丰盛的晚饭摆在了他的面前。"

这名妇女一边说着,一边把书拿给我们看。然而和她一起来的孩子却突然叫道:"不,lola!"这个孩子只有18个月大,他不断地重复着这句话,这令在场的人都感到很惊讶。这个孩子究竟在说什么呢?他的妈妈说:"Lola是一个曾经照顾过这个孩子的保姆的名字,她只照顾过这个孩子几天。"可是此时,这个孩子的叫声更大了,他神志迷乱般地喊着"lola"。最后,我们把那本书放在他的面前,只见他用小手指着这本书封底上的画,不停地说"lora,lora",这时我们才明白"lora"的含义。封底上的萨博正在伤心地哭,这个孩子把西班牙语的"llora(哭)"说成了"lora",他想向我们表达,"结局不是圆满的,因为萨博在哭"。是的,他是对的,在这本书的最后一幅画中,萨博在哭,所以这个故事并没有一个圆满的结局。只不过这幅画没有放在书的正文里,所以没有人注意到。但是这个孩子注意到了,虽然他不能完全理解妈妈和别人的对话,但他却理解故事的结局,所以当他听到妈妈说结局是圆满的时,他会表示抗议。

孩子的心理个性和成年人有很大差别,不仅仅在程度上存在差异,在性质上也存在很大差异。孩子喜欢关注一些被成年人忽略的小细节。他们不懂得心理综合,而我们却经常这样做,所以他们在看我们的时候,一定会有一些轻蔑。结果，在孩子的眼中，我们迟钝并且无能。孩子认为我们无法正确理解事情，因为从他们的角度来看，我们看待事情的眼光不够精确，会忽略细枝末节。很多时候，我们不信任孩子，但是如果孩子也能够像我们一样自由地表达自己的观点，他们一定会告诉我们，他们也不信任我们。成年人和孩子在思维方式上存在着很大的区别，这也是导致孩子和成年人之间总是出现分歧的原因。

Part 10
强制性睡眠对孩子的危害

孩子能够独立行动后，他们和成年人之间就会出现矛盾。当然，没有人能够完全对孩子的视听加以控制，进而将孩子彻底征服。然而当孩子能够独立行动、走路、触摸各种东西后，一切都变得不同了。即使一个成年人对他的孩子的爱是真切的，但他仍会不时地产生一种自我保护的念头，这是人类的一种本能。成长中的孩子和成年人拥有不同的心态，两者之间的差别是巨大的，如果不对其加以调整，成年人和孩子就不可能和谐地一起生活。在现实生活中，我们可以看到这种调整对孩子是不利的，因为孩子是弱者，他们没有力量反抗，只能够服从。当孩子的行为不符合成年人的需要时，成年人就会对孩子加以限制，特别是当成年人没有意识到自己有这样一种自我保护的心态时，成年人就会认为他们所做的一切都是为了孩子好，这些做法都是自己对孩子们爱的表现。

成年人这种无意识的自我保护往往会以其他的形式表现出来。成年人的心是贪婪的，对于自己所拥有的一切物品都有强烈的保护欲。然而成年人却喜欢用"有责任正确地教育孩子"这个信条为借口，把自己的贪婪掩藏起来。就拿成年人总是让孩子多睡觉这件事来说，表面上看，他们是为了孩子的健康着想，其实这只是一个借口，他们心里真正想的是："只要孩子睡了，就不会打扰我们的生活，这样我们就可以多一些安宁。"

我们见过这样的场景，一位没有什么教养的妈妈觉得自己的生活被孩子打扰了，于是她冲着孩子吼叫、打骂，甚至把孩子从家里撵出去。可是没过多久，她又对孩子十分温柔，不但用平和的态度抚摸着孩子，还会拥抱并亲吻孩子，以表示自己对孩子的爱有多么深。

社会阶层较高的妈妈们在这方面似乎表现得好一些，她们会对孩子呵护有加，让人们看到她们为孩子奉献了多少，以及她们对孩子多么负责任，她们还会用一些道德观控制自我的言行。其实这些社会阶层较高的妈妈们反而更希望摆脱自己的孩子，她们给孩子雇了保姆，让保姆代替自己照顾孩子的日常生活：白天陪孩子玩、给孩子做饭、洗衣服、带孩子出去散步，晚上哄孩子上床睡觉。这些妈妈往往会对保姆表现出很高的热情、仁慈和耐心，甚至在保姆的面前做出一副谦恭的样子。其实这一切表现都只为了让保姆明白一件事，只要你能让这令人心烦的孩子离我远一些，什么我都能容忍你。保姆对这一暗示也心知肚明。

孩子在开始学习走路的时候，会为自己迈出的每一步欣喜不已，然而就在这时，他们遇到了一群巨人，这些巨人对他们百般阻挠，不许他们自由行动。这对孩子而言是多么痛苦的事情啊。我们知道摩西带领希伯来人逃出埃及的时候，他们每时每刻都需要在沙漠中与干旱进行斗争。当他们好不容易离开了沙漠，来到了绿洲，另一场战争又在等着他们。与亚摩利人打仗的经历成了他们记忆中永远的痛苦，他们对战争充满了恐惧，于是不停地在沙漠中徘徊。40年过去了，一些人精疲力竭，最后死去。孩子们所处的境地不亚于希伯来人在逃出埃及时所处的境地。

保护自己的财产不受侵犯是自然界的规律，也是人类的本能。在一些民族中，这种倾向更加明显而强烈。人类的潜意识中藏着这种本能性的自我保护，人们不但会保护自己不受侵犯、保护自己的财产不受侵犯，还会保护自己的后代不受侵犯。人类努力地与来自外界的侵犯进行着抗争，可是这样做并不能制止自己被侵犯。人们为了自己的生活而坚持着，努力奋斗着。

在父母的爱和孩子的单纯无知之间，也持续着一场战争。这场战争并非是人们故意制造出来的，而是在无意之中进行的。

成年人认为，自己对于孩子进行限制是理所当然的，为此他们感到心安理得。在成年人眼里，孩子不应该到处乱走，他们必须老老实实地待在爸爸妈妈让自己待的地方；孩子不应该到处乱碰，因为周围的那些东西都不属于他们；孩子不应该大声说话，他们应该安安静静地坐在一旁；孩子应该在成年人规定好的时间里吃饭、睡觉和行动，如果爸爸妈妈让他们多躺一会儿，他们就不应该起床。这个发号施令的人对眼前的孩子没有丝毫的怜悯，仿佛这一切都是理所应当的事情。这样的人对孩子没有特殊的爱，一如那些懒惰的父母会为了让自己不用操心而命令孩子早一些上床睡觉一样。

谁会在让孩子睡觉的时候产生一丝犹豫呢？可是，如果一个孩子对这一命令表现出爽快地服从，那么他从本质上看应该不是一个"睡眠者"。

每一个孩子都应该得到适当的、合理的睡眠，但他们必须能够区分什么样的睡眠才是适宜的，也应该区分出什么样的睡眠是人为强制的。强者在对弱者发号施令时，会在无意中对弱者进行暗示，从而向对方施加自己的意志。如果一个成年人强迫孩子睡觉，并尽可能地让孩子多睡一些时间，那么他就是在暗示孩子按着自己的意志做，虽然他可能并没有意识到这一点。

无论这个照顾孩子的人是孩子的爸爸妈妈或是保姆，无论这个人是否曾受过高等的教育，几乎所有的人都会联合起来强迫一个充满活力的孩子去睡觉。在富有的家庭中，成年人们经常强迫2岁、3岁或4岁的孩子接受过多的睡眠。而贫困家庭中的孩子相对幸运一点，因为他们的妈妈不会把他们当成厌烦的根源，所以会让他们到街上奔跑。我记得有一个7岁的小孩子曾告诉我他从来没有看见过星星，因为每当夜幕降临的时候，他的爸爸妈妈就会命令他上床睡觉。他对我说，他特别希望能够在夜晚的时候躺在山顶上，仰望天空中的星星。

许多父母每当提起自己的孩子一到黄昏就能自觉睡觉时，言语中就流露出无限的骄傲和自豪。他们不仅因为孩子能够听自己的话而开心，更主要的是，他们可以自由地外出活动了。

孩子的床也会让孩子感到痛苦。如果我们将柔软、美丽的婴儿床和宽敞的成人的床进行比较，我们就能发现婴儿床就像一只被悬挂起的鸟笼，而这种设计只是为了给照顾婴儿的人提供方便。有了这样的床，照顾婴儿的人就不用担心里面的婴儿会掉在地上，他们也不需要每天在把婴儿抱出抱进的时候承受重复弯腰的劳累。并且，婴儿房一般都是蔽光的，为的是婴儿不会被窗外的阳光唤醒。

一张满足孩子需要的床以及适当的睡眠时间对孩子的心理发展极为有益。孩子不应该长时间处于睡眠状态，他们应该有时间尽情活动，等到困了、累了的时候再自然地入睡。我们应该尊重孩子的睡眠时间和习惯，让他们睡到自然醒。我们向许多家庭提出了更换孩子睡床的建议，我们认为，孩子的床应该贴着地板，这样可以方便他们在醒来后进行自由活动。在这张床上，他们可以尽情地舒展身体，也可以随时起床。

一张矮床是非常经济的选择，它也是一件有助于孩子心理生活的东西。孩子不需要太复杂的东西，所以过于复杂的东西和环境反而会阻碍孩子的发展。一些家庭没有为孩子提供专门的床，而是只在地板上铺了一张床垫子，然后在床垫上盖一床大大的毯子。在这样的环境下，孩子改变了睡眠习惯，他们会在夜晚来临时自觉地去睡觉，然后在太阳升起后自然地起床。这些例子向我们表明，成年人将自己的意愿强加在孩子身上的做法是不正确的，并且这种行为费力不讨好。成年人自我保护的本能干扰了孩子的正常生活，违背了孩子的需要，所以我们应该克服这种本能，事实上，这种本能是可以被克服的。

我们应该清楚，我们只有努力地去理解孩子的需要，才能够让孩子在一个适宜他们发展的环境中得到满足，从而健康成长。我们应该开辟一个教育的新纪元，这样才能为人类带来真正的帮助。想要达到这一目标，我们首先要做的就是理解孩子的需要。我们要把孩子当成和我们一样的生物，而不是没有生命的物体，我们不应该随意支配我们年幼的孩子，也不应该在他们稍稍成长后对他们施加高压，让他们对我们唯命是从。我们必须确信，我们并不能对孩子的成长起到主要作用。我们必须努力了解孩子，这样才能在他们需要的时候给予他们最适当的帮助。全天下的妈妈和教育工作者都应该以了解孩子为主要目标和愿望。相对于成年人来说，孩子是弱者，想要让他们的个性得到自由发展，我们就要时刻控制自己，多听听孩子的心声，并把倾听当成自己的职责。

Part 11
孩子在行走中遇到的障碍

成年人在照顾孩子的时候应该放弃自己的优势，这样才能更好地适应成长中的孩子的需要。

高等动物具有使自己适应孩子需要的本能。比如说当一头大象把一头小象带入象群时，象群中的所有成年大象都会自动把步伐放慢，以免小象跟不上队伍的进程。当小象感到疲惫，无力继续行走的时候，所有的大象也都会停下来，陪着小象一起休息。

我们也可以在各种文化中发现类似的情况。有一天，我在外面散步，走在我前面的是一对日本父子，儿子大约2岁左右。走着走着，儿子突然抱住了爸爸的腿，于是这位爸爸停了下来，任由孩子抱着自己的腿绕圈。过了一会儿，孩子玩够了，松开了爸爸的腿，于是爸爸又带着儿子继续向前走。又过了一会儿，孩子似乎是走累了，坐到了路边的台阶上，于是这位爸爸便站在一旁等着他。自始至终，这位爸爸都没有做什么特别的事，他只是安安静静地满足着孩子的需要，表情严肃而自然。其实，这种方式是最适合孩子的散步方式。孩子在学习走路的过程中，需要不时地进行身体方面的协调，用两条腿维持平衡并向前行走。

人和其他动物一样，都拥有四肢，然而人在行走的时候却不会将四肢全部使用上，只会使用两肢。猴子有长长的手臂，这双手臂能够在它们行走过程中起到支撑身体的作用。在这个世界上，只有人才会完全依靠两条腿行走，并在行走中保持平衡。运用四肢行走的动物在行走时，会将一条前腿和与其成对角线的后腿交替抬起，并将另两条腿支在地上，以保持身体平衡。但人在走路的时候，则会用左右两条腿交替支撑着身体。大自然为所有的生物解决了行走的难题，只不过它让人类和动物采用了不同的方式，对动物而言，行走是一种本能，而对人而言，想要能够行走，就要经过主观的努力。

孩子在学习走路的过程中掌握了行走的能力，他们摇摇晃晃地迈出的第一步令爸爸妈妈感到欣喜。孩子的第一步一般出现在孩子1~2岁之间。对孩子而言，迈出第一步的过程是征服自我的过程，这一行为是孩子正常发展的主要标志之一，相当于孩子的第二次出生。从这一刻起，他们不再是不能自助的人，而是能够积极主动行动的人。然而这并不意味着孩子就能够高枕无忧了，第一步迈出后，他们还需要进行大量的练习。只有经过不懈地努力，才能掌握好身体的平衡，才能迈出平衡矫健的步伐。孩子仿佛受到了一种力量的驱使，这种力量如此强大，无人能够压制。他们在学习走路的时候就像冲锋陷阵的士兵，什么困难都不怕，什么阻碍都不在乎。他们的眼中只有一个目标，就是冲向胜利。成年人看到孩子表现出一股不达目的不罢休的劲头后，十分忧心，我们担心孩子会因此受伤，也担心周围的东西会被孩子弄坏。于是我们在孩子的四周设立了很多防范，我们认为这是为了孩子的安全着想，却不知我们已经无形之中阻碍了孩子的正常发展。这时的孩子已经拥有了有力的双腿，他们能够平稳地走路了，可是我们却仍坚信，应该把他们关在学步栏里，或是把他们放到学步车中。

很多爸爸妈妈习惯在带着孩子外出时把孩子放在手推车里推着走，虽然这个孩子已经能够独立行走了，可是爸爸妈妈仍然不放心。孩子的腿比较短，跟不上成年人快速稳健的步伐，他们也没有足够的耐力，走不了太远的路。所以，当爸爸妈妈把他们放到手推车里的时候，他们只得妥协。即使带孩子外出的人是保姆，孩子的地位也没有得到任何提升，因为他们必须适应保姆，而不能让保姆适应他们。保姆会按照自己的行走速度推着小车前进，就像平日推着手推车上街买菜一样，丝毫不管孩子的心里是怎么想的。等到了目的地，保姆才会把孩子从车里抱出来，看着他们在草地上行动。对于保姆来说，自己所做的一切都是主人派给自己的工作，只要把孩子带出来，再保证孩子平安地回到家里，自己就完成了任务。至于其他的事情，则完全不需要自己考虑。

1岁半到2岁的孩子已经能够走好几英里的路了，他们不但能够走路，还能爬上一些有难度的物体如斜坡、梯子等。我在西班牙认识两个2岁多的孩子，他们都能够不借助任何人的帮助，独自走完1英里半的路。我还见过很多处于这一年龄段的孩子能够独立攀爬梯子，他们在又陡又窄的梯子上爬上爬下，一点都看不出疲惫。

我们成年人在走路时会带有明确的目的性，所以我们会以稳健的步伐和机械的频率朝着我们设定的目的地前进。而孩子则不同，孩子并不是出于某种外在的目的而行走的，他们这样做只是为了证明和完善自己的能力，并希望自身某种创造性的东西能够得到实现。他们不会快速地行走，也没有固定的行走频率，在行走的过程中，他们的心中没有一个明确的目的。他们只会朝着自己感兴趣的东西前进。所以如果我们真心想要给孩子帮助，就要放弃我们的行走习惯和行走速度，并放弃我们心中的目的地。

我在那不勒斯认识一对夫妇，他们打算在夏季的时候全家去海边度假，可是想到他们刚刚1岁半的孩子，他们就犹豫起来。从他们家到海边有大约1英里的路程，并且这段路上有很陡峭的下坡路，手推车和马车都没有办法在上面通过。如果想要带着这个孩子，又不让孩子感到疲惫，他们只能选择用手抱着孩子走完这段路，可是那样他们又会太累。这对夫妇犹豫了很久，并想了很多办法，但是最终他们发现，自己的顾虑是多余的，令他们犹豫不决的问题竟被这个1岁半的孩子自己解决了。

一路上，这个孩子时而欢快地奔跑，时而缓慢地行走，当他看到一些漂亮的花草或可爱的动物时，他就会停下来，站在边上观看一会儿，然后再继续行走。一次，他站在一头驴子旁边足足看了15分钟。

爸爸妈妈眼中陡峭难行的路并没有给孩子造成任何麻烦，相反，这个孩子每天都能顺利地通过这条漫长的、不平坦的小路，而没有感到丝毫疲惫。

一些妈妈认为孩子有时候的表现很不正常，比如说在进行活动的时候。有一位妈妈曾向我提出，她的女儿经常发脾气，特别是在看到楼梯的时候。这个女孩只要一看到楼梯就会发出尖叫声，如果有人抱着她上楼或下楼，她的情绪就会更加激动。每当有人把这个女孩抱上或抱下楼梯时，这个女孩就会很焦躁，大声喊叫，有时还会哭出来。这位妈妈不知道女儿为什么会这样，她认为也许是自己误解了孩子的一些意图，或者这种情况只是一种巧合。

在谈话过程中，我得知她的女儿刚刚学会走路，这时我马上明白了孩子发脾气的原因。对这个小女孩来说，能够自己爬楼梯是一种乐趣，她希望能够亲自接触这些台阶，或是坐在台阶上。台阶对刚刚学会走路的孩子很有吸引力，这种吸引力比让他们在旷野上奔跑还要大。我们习惯让孩子到旷野上锻炼行走、奔跑，可是在旷野上，孩子们的双手无处可放，双脚也被草地掩盖，他们没有办法享受到足够的乐趣。

好动是孩子的天性，所有孩子自从拥有了行走能力后就希望自己能够自由走动和奔跑。我们经常能看见大批的孩子挤在滑梯上，或是围绕在滑梯的四周等待轮到自己，这是因为滑梯让他们体会到了攀爬的乐趣，满足了他们活动的欲望。穷人家的孩子总是在街上跑来跑去，当他们看到来往的车辆时，他们能够及时躲避开。他们甚至能够做出更危险的行为，如坐在汽车或卡车的窗框上。富人家的孩子多数时间只会安静地待在家里，受着来自各方面的约束，在约束中变得羞怯，甚至迟钝，而他们的家长们却认为自己在保护孩子。这两种孩子都缺乏来自成年人的真正的帮助，穷人家的孩子每天置身于危险的成人环境中，富人家的孩子则每天生活在充满限制和障碍的环境里。孩子们的处境就像弥塞亚所说的一样——"无所适从"。

Part 12
手和孩子成长发育的关系

心理学家认为，能够证明孩子正常发育的指标有三项，其中有两项是关于运动的，分别是"孩子是如何学会走路"和"孩子是如何学会说话"。在对孩子发育的研究中，这两项活动的功能就像占星师用的占星图，我们能够从这两项活动中预测出孩子的未来。走路和说话是非常复杂的运动，孩子能够进行这两项运动，就说明他们的运动能力和表达能力已经开始发展，并登上了一个新台阶。如果我们说语言是思维的表达方式，那么能够说话就是人类独有的特征，因为行走是所有动物都具有的特征。

人们在区别动物和植物时，将"是否能够在空间里到处运动"作为区别的标准之一，能够运动的是动物，不能够运动的是植物。生物在进行这种运动时需要运动肢体，于是，行走的方式就成了动物的一个基本特征。虽然人类能够自由地行走，想去任何自己想要到达的地方，甚至能够周游整个世界，但我们并不能根据这一特征判断出人类具有智力。

舌头用于说话，手用于工作，人体这两个部位的运动是与人类智力密切相关的两种身体运动。我们可以根据削磨过的石块推断出，人类从史前期就开始存在了。史前期的人类懂得对石头进行打磨，并将其变成生活中使用的工具，这一点标志着从生物发展史的角度来看，地球上的生物开始进入了一个新的阶段。当人们用双手在石块上凿出语言的记载时，语言就成了记录人类历史的工具。能够自由地运用手是人类的特征之一，人类的上肢不是用来进行运动，而是用来进行智慧的表达。这种功能在显示出人类是自然界最高级的生物的同时，也将人类天性上的和谐统一表达出来。

人的手不仅能将人类的心灵展示出来，还能在人和环境之间建立起一种特殊的关系。也许我们可以说，人类是用双手将环境征服的。在智慧的引导下，人类用双手改变了环境、改造了世界。想要确定一个孩子的智力发展到了何种程度，我们应该先对他最开始的智力表现进行观察和研究。也就是说，我们应该进行的最符合逻辑的研究是，研究孩子是如何说话的，以及研究孩子是如何在劳动中使用他们的双手。

人们已经认识到，语言和手势是智力的两种外部表现，并对这两种表现的重要性产生了一定的认识。人们对"语言和手势是人类的主要特征"这一说法深信不疑。但是，人们在研究语言和手势的重要性时，仅仅把它们放在了成人社会中进行研究，引用的例子也是成人社会中的一些现象。比如，一男一女在举行婚礼时，会拉起彼此的手，许下终生的誓言；男人向女人求婚的时候，会拉起女人的一只手，并对她许下一生一世的承诺；我们在进行宣誓的时候，会举起我们的右手，以表示我们的诚意和决心。在宗教仪式中，手是自我的表示。为了表明自己对耶稣的死不需负责，彼拉多在公众面前洗了手；祭坛上的神父总是会在弥撒进行到最严肃的一环节时这样说:"我在无罪的人中洗手。"其实他在讲这些话时,并没有真的洗手,而是只用清水洗了洗手指。他真正洗手的时间是在上台以前。

从这些不同的例子中,我们可以看出人们是怎样在潜意识中把手当成表达内在自我的方式的。如果事实的确如此,那么我们就更应该对孩子向外界伸出小手这一活动表示出热烈期待。因为在孩子学习"人类活动"的过程中,再不会有什么比他们开始使用双手更加神圣了。

当孩子第一次伸出双手开始活动时,他们就开始努力将自己融入世界中。我们应该对他们的这些活动进行赞美,可是在现实中,我们又做了什么呢?我们害怕孩子的双手触碰到一些属于我们的东西,虽然这些东西并没有什么价值,也并不重要。我们把这些东西藏在孩子碰不到、够不到的地方,并不停地、重复地对孩子下达着"不要动!""不要碰!"的命令。

成年人总是在无意识中进行自我保护。在成年人的思想中,往往存在这样一种焦虑,这种焦虑是在潜意识中产生的。为了保护自己和自己拥有的东西,成年人甚至不惜向其他成年人求助,只求自己的宁静和财产不会遭到外来人士的打扰和破坏。

孩子需要在周围的环境中找到可以看、可以听的东西,因为只有这样,他们的心智才能得到发展。孩子需要有机会使用自己的双手,需要有机会接触能够使自己运动的东西,更需要有机会运动。可是在家里,他们根本得不到这些机会。我们不许孩子使用我们的东西,就连碰都不可以碰一下,这成了孩子成长过程中的一道戒律。在这样的环境下,孩子们只能偷偷摸摸地进行着原本理所应当的事情,一个孩子会在偶然成功地抓到某样东西后，既兴奋又害怕地藏到角落里摆弄它，就像饥饿的小狗捡到了一根骨头一样。他会一边从这样东西上吸收营养，一边注意着身边的情况，以免突然出现一个人将它从自己手里抢走。

孩子的运动不是偶然产生的，他们会在自我的指导下不断协调这种有组织的运动。在协调的过程中，孩子们的心智得到了发展，他们的表达能力也在一系列自我协调、组织和统一的过程中得到完善。所以，我们必须要给孩子机会，不要干涉他们的行动，让他们自由地做决定，并把他们想要完成的事情做完。因为孩子正在进行自我塑造，所以他们的运动具有必然性和目的性。孩子的奔跑、跳跃、拿东西和在屋子里翻箱倒柜等行为都不是无目的的，他们在从事富有建设性的活动，这种活动是在成年人的活动中得到的启发。孩子努力地模仿着成年人的动作和行为，他们想要和成年人一样使用或处理身边的物品，他们还会力求用和成年人一模一样的方式做事。所以，家庭和社会都是影响孩子行为的重要因素。

孩子有想要扫地、洗盘子、洗衣服、倒水、洗澡、梳头、穿衣服的欲望，我们可以把他们这种天赋倾向称为"模仿"，但是，这并不是最确切的表述，比如说这种模仿行为就和猴子不一样。智慧是孩子表现出建设性行为的本质，这和孩子的心理因素有关。孩子会先清楚自己要做什么，然后才会真正地去做。孩子会在看到成年人做了什么事情后产生想要照着做的想法，比如说话。孩子从周围听到的声音中获得语言，他们会将听过的词汇记在脑子里，然后再根据周围不同的场合和需要把这些词汇说出来。孩子会自己运用词汇，在这一方面，孩子和鹦鹉是不同的。鹦鹉学舌是一种机械性的模仿，而孩子不仅会模仿听到的声音，还会运用自己掌握的知识。我们必须认识到孩子进行的不是机械性的模仿，这样才能更深入地了解孩子的活动以及他们与成年人之间的关系。

孩子在让我们看见他们能够条理分明地做事之前，就已经具备了有目的进行活动的能力。但是在我们看来，孩子的这种使用物品的方式是很难理解的，特别是1岁半到3岁之间的孩子。我曾见过一个18个月大的孩子是如何对待一叠刚刚熨平摆好的毛巾的。

这个孩子在房间里发现了一叠刚刚熨过的毛巾，这些毛巾折叠得很平整，摆放得也很规矩。这个孩子小心翼翼地拿起最上面的一块毛巾捧在手里，好像在捧着什么珍贵的宝贝。他用一只手托着毛巾，同时用另一只手压住毛巾的上方，以防止毛巾散开。他以这样的姿势把毛巾托到了房间斜对面的角落里，轻轻地把毛巾放下并说道："一块。"然后，这个孩子像来时那样回到房间里，以同样的姿势小心翼翼地托起第二块毛巾，并沿着同样的路线把第二块毛巾托到了角落里。他把第二块毛巾小心地摆在第一块毛巾的上面，又说道："一块。"这个孩子不断地重复进行这项工作，直到所有的毛巾都被他摆放到角落里。这个孩子看看摆放在角落里的毛巾，又按照同样的方式把这些毛巾拿起放回到了它们原来在的位置。

在这一过程中，我们能够看到这个孩子的确是在某种敏感性的作用下进行着这项活动。虽然他不能把毛巾摆放得像最开始那样完美，但是这些毛巾仍然以折叠的状态整齐地摆放在那里，只是在堆放的角度上有一点倾斜。这个孩子是多么幸运啊，在他做这件事情的过程中，没有人打扰他，也没有人训斥他，所以他能够顺利地完成这一漫长的调换过程。在现实生活中，不知有多少孩子曾因为做了类似的事而遭到了家长的训斥和责骂，甚至还因此挨了打。

"把瓶盖从瓶子上取下然后再盖上"也是让孩子着迷的基本活动之一。孩子们对那些能够反射出七色光的瓶盖特别感兴趣，他们会把瓶盖从瓶子上取下来，摆弄一番，然后再盖回原来的瓶子上。除了瓶盖，孩子还喜欢反复把水瓶或盒子上的盖子拿下再盖上，或是把柜子的门一遍遍打开再关上。孩子的这些行为让爸爸妈妈们很是恼火，因为在爸爸妈妈看来，孩子喜欢摆弄的东西都属于被禁止触摸的物品上的一部分，所以孩子的行为自然也应该被禁止。可是孩子似乎天生就对这些被成年人们禁止触摸的东西感兴趣，无论爸爸妈妈怎么禁止，他们仍不能将兴趣从这些东西上移开。于是爸爸妈妈和孩子之间产生了强烈的冲突，爸爸妈妈很生气，孩子也很生气。其实令孩子感兴趣的并不是一个特制的瓶子或是墨水瓶，他们只是想要一种东西能让自己以这种方式玩耍。

与这些行为类似的基本行为都不受到外在目的的驱使，我们可以把这些行为看成人类第一次进行的努力，只不过这些努力还不够成熟。我们为一些年龄很小的孩子设计了一些玩具，比如，可以嵌入木板上不同的孔中的、大小不一的圆柱体。这样的玩具能够使孩子在某一特定时期内的需要得到满足，所以取得了不小的成功。如果我们从孩子的角度进行思考，那么我们就能很容易接受以上的这些东西，可现在的问题在于，大多数成年人的思想中都有一个阻碍这些想法实现的障碍。在这个障碍的作用下，即使一个年纪大一点的人能够允许孩子随便触碰、摆弄周围的东西，但是在他的心里，仍有一种想要支配孩子的冲动，一旦他压抑不了这种冲动，他就仍然会对孩子的行为进行干扰。

我曾从一位纽约的妇女身上看到了这种想法是如何起作用的。这位妇女有一个2岁半的儿子，她从来没有对儿子进行过行为上的限制，但在她的心中，却总有一种想要为孩子做些什么的念头。有一天，她的儿子提着一只装满水的水罐，摇摇晃晃地想要把这罐水拿到客厅里。这位妇女先是在一旁观察着孩子的一举一动。她发现孩子怀着高度紧张的心情，小心地挪动着步子，一边走一边告诉自己要小心。孩子走得很缓慢，很吃力，看到这里，这位妇女终于不能再抑制自己的心情，她赶紧走到孩子的身边，接过孩子手中的水罐，然后把水罐放到孩子想要放的地方。这时，她看到孩子的脸上流露出了悲伤的表情，并且充满了委屈。

这名妇女在向我咨询的时候告诉我，看到孩子这样，她也感觉很难过，但她还是认为她应该这样做。她说，虽然她知道孩子正在做一件正确的事，但是她也认为，让孩子把大量的时间和精力浪费在这样的事情上不值得。如果由她来做这件事，她一定能够很快地做好，所以不需要让孩子为这样的事累得精疲力竭。她的心中充满了矛盾，但最终她承认自己做错了，并向我请教戒掉这种心理的方法。我从另一个方面思考了这个问题，即"对孩子的吝啬"，这是一种因为对财产的保护欲而产生的心理。我建议这位妇女为孩子挑选一件稍微轻便，但更容易破碎的东西，然后让孩子拿着这个东西重复同样的动作。

这位妇女接受了我的建议，回到家里找了一个瓷制的杯子交到孩子手里。她看到，孩子小心翼翼地把杯子拿在手里，一路上走走停停，但最后还是把杯子完好无损地送到了目的地。这位妇女在观察孩子做这些事情的过程中产生了两种心情，一种是因为担心杯子会打碎而产生的紧张，另一种是因为孩子能够完成这项任务而感到的喜悦。尽管担心杯子，但是她并没有阻止孩子的行动，因为她知道孩子非常渴望能够做这件事，并且这样能够帮助孩子进行心理发展。

还有一次，我递给一个14个月大的小女孩一块抹布，以便她能进行一些简单的清洁工作。她的妈妈不愿意把抹布一类的清洁用品给自己的女儿，因为她认为对于一个14个月大的孩子来说，使用这些东西太早了。可事实上，当这个孩子拥有了一块抹布后，她会在坐着的时候用抹布擦拭不少闪闪发亮的小东西，并对自己的成果感到很满意。

如果成年人不能对孩子喜欢工作的本能产生理解，并意识到这一本能会对孩子成长具有重要意义，那么当孩子将这种本能表现在我们面前时，我们就会感到惊奇不已。我们明白，我们应该为了让孩子的需要得到满足而做出巨大的牺牲，放弃我们的某种脾性，可是如果我们真的这样做了，我们现有的日常生活就会发生巨大的改变，变得让我们无法接受。但是，如果我们禁止孩子和周围的环境进行接触，那么孩子就不能顺利成长，这和不允许他们学习说话一样残忍。

面对如此大的冲突，我们应该怎么办？最好的办法就是给孩子准备一个适合他们生活、发展的环境，以便孩子的渴望能够在这一环境中得到满足。一个刚刚学会说话的小孩并不需要什么特殊的给予，因为家人会把他牙牙学语的声音当成世上最美丽的旋律。但是，一个刚刚想要工作的小孩则需要我们为他们提供一些能够刺激他们活动，并配合他们行动的东西。我们经常能够发现，孩子会在做一件事情的时候花费大量我们意想不到的体力。我有一张一个小女孩拿着一个大面包的照片。在这张照片上，这个面包对于这个小女孩来说绝对是太大了，因为她用两只手一起拿都很吃力。她把面包贴在身体上，腆起肚子，这样她就看不到脚下的路了。小女孩的身边还有一只狗，这只狗一直盯着这个小女孩怀里的面包，好像随时都在等着面包掉下来。照片的背景中还有几个成年人，虽然他们都看到了这个孩子在做这件事时非常吃力，但是他们都克制住自己想要上前帮助的念头，只是在一旁静静地观看着。不得不承认，在很多时候，只要我们让小孩子身处于一个适宜的环境中，他们就能练就一身让我们惊叹的本领和谨小慎微的能力。

Part 13
行动的节奏

如果我们不能对孩子想要使用双手的想法表示理解，不能将这看成是孩子工作本能的表现，那么我们就会在生活中做出许多阻碍孩子发展的事情。我们不能把导致这一现象发生的原因全部归咎于成年人具有自我保护的心理，还有其他原因对这一现象起作用，例如成年人对行为的外在结果特别重视，在选择使用哪一种方法时，只会从自己的思维角度出发。成年人在做任何事情时都喜欢遵循着自然法则中的"最大效益法则"。对待同一件事，成年人会采用最直接的手段，并希望能够用最短的时间完成这件事情，而孩子则不同，孩子经常会用很长的时间做一件事却不见得能取得显著的成果。这时，成年人就会觉得不耐烦，并忍不住出手替孩子做完本该孩子自己完成的事情。

成年人很难理解为什么孩子愿意把大量时间花费在研究那些琐碎无用的东西上。一个孩子会在看到桌布斜了的时候开始动脑筋思考，"这个东西正确的铺法是怎样的？"并会把自己的想法落实到行动之中。他会用手拉扯桌布，尽力地使桌布变得规矩。对于一个正在成长中的孩子来说，这是一项重要的工作，我们成年人此时应该做的就是静静地站在一旁观看，而不是出手干涉或制止。

成年人会在看到孩子拿起梳子想要梳头时对孩子加以制止和训斥。其实我们看到孩子这样做应该感到开心，因为这说明他们正在努力地锻炼自己的能力。可是我们却只想着，我们可以快速地给孩子梳好头发，所以他们不需要在这件事上浪费时间。我们不满意孩子自己梳的发型，于是我们从他们手中抢过梳子，命令他们乖乖坐好，然后为他们梳头。孩子原本想要尝试自己梳头的快乐心情顿时消散得无影无踪，他们没有办法反抗，因为成年人在他们的眼中就是一群有力的巨人，和这些巨人争辩的结果只有失败。同样的事情也会发生在孩子想要自己穿衣服或系鞋带的时候。我们对孩子的所有想法进行阻挠，因为我们认为孩子是无能的，他们什么都做不好，并且他们工作的节奏与我们完全不同。

每个人都有属于自己的、独特的行动的节奏，这是不能够被随意改变的。我们会在发现别人拥有和我们相似的行动节奏时感到高兴，也会在不得以去适应别人的节奏时感到痛苦。比如，我们会在和一个局部瘫痪的人一起走路时感到痛苦，因为他行走的节奏和我们相差太大；当一个患有中风病的人颤抖着端起杯子喝水时，我们也会感觉到痛苦，因为我们能够行动自如，而他却只能缓慢地移动。如果我们有机会帮助这些人，我们一定会在帮助他们时用自己的节奏代替他们的节奏，这样我们心中的不适才能得到缓解。

和上面的情景相似，我们在对待孩子的时候也会出现类似的行为。当孩子以缓慢、自然的节奏不慌不忙地进行活动时，我们感到烦躁，并想要摆脱这种烦躁。于是，我们会在无意识之中对孩子的节奏进行干扰、破坏，用我们的节奏代替他们的节奏。

当孩子因为活泼好动而造成无序和混乱时，成年人反而能够耐心地"袖手旁观"，这是因为成年人很容易接受敏感和活动迅速的节奏。我们能够从孩子混乱无序的行为中看出他们想要做什么，却很难从一个静止的，或行动缓慢的孩子身上了解到他们的想法和意图。所以我们一看到孩子在缓慢地进行活动，就会忍不住上前干预，以便他们能够快一些完成手头上的事。我们以为这样是在帮助孩子，却不知我们的行为反而是在阻碍孩子的自然发展，并会使孩子产生心理上的压抑。孩子在做自己喜欢的事，可是我们却不让他们这样做，于是孩子就会出现"任性"的表现，声嘶力竭地大哭大闹，拒绝家长给自己洗澡、穿衣服或梳头。孩子想用这种冲突来向家长表明他们想靠自己的努力成长。

在日本有这样的习俗，如果一个孩子去世了，他的爸爸妈妈等人会在他的墓前堆放一些小石块或类似的东西，以作为对死去的孩子的祭奠。家长们在孩子墓前堆放石块的原因是希望孩子能够用这些石块重新搭起他曾经玩过的玩具城堡。如果城堡被恶魔破坏掉，孩子就会深感痛苦。从这个例子中，我们能够看到这种潜意识对人们产生的影响，它甚至已经延伸到了人死后的世界中。

Part 14
站在孩子的立场上思考

查尔特曾在他著名的精神病院做过一个实验，并从中证明了一件事，催眠术能够使癔病患者进入到一个新的角色中。这一发现在人群中引起了巨大的轰动。在这一发现出现之前，人们一直认为每个人都拥有属于自己的言行，并认为人类的言行可以被当成是人性的最基本的特征之一。查尔特的发现推翻了人们以往的观点。通过实验，查尔特证实了，当被实验者接受到一种强烈的暗示时，他就会失去自己原有的人物角色，并进入另一种由催眠师设置好的角色中。

查尔特进行的实验是有限的，并且所有实验都只是在他的诊所中进行的，但是他的这一发现对人们开辟并发展新的研究起了重要作用。因为他的研究已经不仅仅是停留在表面上的研究，而是深入到人格分裂、潜意识和心理升华的研究上了。

孩子从童年时期开始意识到自我的存在。这时的孩子有一种创造性的本性，特别容易接受外界的暗示。成年人可以利用这一时期窥探孩子的心智，对孩子加以暗示，并让孩子在自己的意志的引导下发生变化。

在我们的学校中，我们发现，如果我们在给孩子做示范的时候表情、动作、语气等过于夸张，态度过于热情，孩子就会无形之中感觉到压抑，他们的自我思考能力和判断能力就不能得到自然发展。换句话说，孩子有一个支配他自己完成活动的自我，可是这个自我却遇到了另一种不属于孩子本身的自我。后一种自我拥有很强大的力量，于是它取代了第一种自我，成为了支配孩子行动的主要力量，同时剥夺了孩子还不成熟的行为方式。虽然成年人能够通过催眠暗示让孩子听从自己的指示，但事实上，没有哪个成年人故意想要这样做。用暗示支配孩子并不是我们的本意，可是我们却在不知不觉中这样做了，并没有意识到自己会对孩子造成怎样的影响。

我有一些关于这方面的有趣的例子。有一次，我看到一个 2 岁大的孩子把一双很脏的鞋放在了铺着雪白床单的床上。在本能的驱使下，我不假思索地走上前，把鞋子从床上拿下来，并拎到一个角落里。我对这个孩子说："鞋很脏，所以不能放到床上。知道吗？"然后，我用手掸了掸沾在床单上的灰就走开了。经过这件事，这个孩子只要一看到鞋子就会跑到跟前指着鞋说："鞋很脏。"然后再跑到床边，学着我的样子在床单上拍打几下，好像在拍打灰尘一般，虽然这一次床上并没有放过鞋子。

还有一个类似的例子。一天，一位妇女收到了一个邮包，邮包里面有一条丝质的手帕和一只小喇叭。这位妇女很高兴，她把手帕给了自己的小女儿，然后拿起里面的喇叭吹了起来。她的小女儿听到喇叭声后开心地挥着手帕，嘴里叫着："音乐。"过了一段时间，这个小女孩只要看到一块布，就会高兴地指着布说："音乐。"

一些有教养的人和习惯自我约束的成年人，特别是那些文雅的保姆往往喜欢对孩子施发禁令。如果我们对孩子施发的这些禁令不能有效地促进孩子的反应，那么孩子的行为就会因为这些禁令而受到阻碍。

有一个4岁的小女孩和她的外婆一起住在乡下的花园里。小女孩想要看到喷水的喷泉，于是她走到花园里的人造喷泉跟前，伸出手想要打开喷泉的龙头。可是她的手刚要碰到水龙头，突然又缩了回来，她的外婆不知道原因，于是鼓励她，让她把水龙头打开。可是小女孩却不肯这样做，原因是她的保姆不喜欢。她的外婆便说："不要紧，外婆同意你把它打开，去吧，打开它。"小女孩听到外婆这么说，脸上露出了微笑，她真的很想看到喷泉喷水，于是又向水龙头伸出了手。可是最终，她还是把手缩了回来。虽然她的保姆并不在现场，而且她也得到了外婆的允许，但是保姆的禁令对她而言要比外婆的鼓励更加有力。

还有一个很相似的例子。一个7岁左右的男孩坐在椅子上，这时，他突然被远处的什么东西吸引住了，于是站起来准备向前走。可是他刚刚迈出两步就停了下来，然后回到座位上。看得出他非常想接近那个东西，可是另一种力量却令他动弹不得。看到他脸上流露出两难的神情，我不禁猜测，究竟是什么力量在控制着他，不许他迈出步子呢？但是我猜不到，别人也不可能猜到，因为就连这个孩子自己都不知道这股力量是从哪里来的。

孩子对周围环境的喜爱

我们可以把孩子对暗示的敏感性理解为一种内在敏感性的表现。这种内在的敏感性对孩子的心理发展有很大帮助，我们可以把它称为"对周围环境的喜爱"。孩子乐于观察，容易被成年人的行为吸引，并进一步对成年人的行为进行模仿。所以我们说，成年人对孩子的行为养成负一定的责任。成年人应该用正确的方式鼓舞孩子行动，并使孩子在观察中学会引导自己的行为。成年人要想正确地引导孩子，在行动的时候就一定要保持平静，动作一定要缓慢，这样孩子才能够通过观察了解到这些行动的所有细节。如果成年人在做所有事情的时候都只按照自己的习惯和节奏做，那么孩子就得不到正确的鼓励和教导。这样的"教导"只是一种对孩子的暗示，并会使孩子的人格被成年人的人格所代替。

很多东西都能对孩子产生暗示，即使只是一些普通的感官对象，只要它们能够对感官产生吸引力，它们就能对孩子产生暗示。有一部短片记录了莱文教授的一项有趣的心理学实验，这个实验对这一问题进行了清晰的说明。莱文教授的实验目的是，通过对我们学校里有缺陷的孩子和没有缺陷的孩子在行为上的不同表现，将这两种孩子区分开来。参加实验的两组孩子年龄相仿，生活背景也相似。我们为他们设置的环境是一样的，一间大教室，教室中央摆放着一张大桌子，桌子上放了许多东西，这些东西中包括一些我们专门为孩子们设计的感官教具。

短片一开始，我们就看到一组孩子走进了屋子。这些孩子看起来十分活泼，他们对桌子上的所有东西都很有兴趣。从他们微笑的脸上我们可以看出，他们为能拥有这么多的东西感到高兴。这些孩子分别拿起桌子上的东西进行摆弄，摆弄了一会儿，他们就把手里的东西放下，然后拿起旁边的另一样东西继续摆弄。他们不知疲惫地重复着这样的行为，直到所有的东西都被他们摆弄过了一遍后，短片的上半部分结束了。

短片的下半部分，另一组孩子走进了屋子，然而他们的表现和上一组的孩子大相径庭。这组孩子似乎对桌子上的东西不感兴趣，他们走得很慢，脸上也没有兴奋的表情。他们聚在这些东西周围，却不把它们拿起来，只是平静地环顾着四周。这种情形一直持续到最后，短片结束了。

看过上下两段片子，哪一组的孩子是有缺陷的，哪一组的孩子又是正常的呢？多数看过这部短片的人认为，第一组孩子是正常的，因为他们神情愉悦、富有活力，感觉也更聪明，并且他们在做了一件又一件事后仍然能够活泼快乐。而事实恰好相反，那些面部表情不那么丰富、看起来比较懒散、倦怠的孩子才是正常的孩子。

我们在短片中看到，正常的孩子长时间处于静止，他们不喜欢一件接一件地玩桌子上的玩具，而只会对着某一件东西沉思。通常，人们认为聪明的孩子会像第一组孩子那样行动，莱文教授却从实验中得出了一个与传统观念相冲突的结论，能够安静、有分寸地活动并认真思考才是正常孩子的标志。

在我们的学校中，我们也能够发现，正常的孩子并不是像人们以往认为的那样，整天忙个不停，没有疲惫的时候。事实上，正常的孩子行动往往比较缓慢，因为他们的身体受到理性的控制和指导，所以他们不会盲目地到处乱闯。正常的孩子喜欢沉思，他们会在对某种物体感兴趣后对其进行思考，努力弄清楚这个东西是什么、做什么用的，以及怎么使用等一系列的问题。

受到理性指导的活动能力不仅会对感官刺激做出反应，还能使人在某一物品或事情上集中精力，进行自我控制和节制，并能够对自己的运动器官进行有效掌控，这才是最有价值的。内心自律、外在有序体现在能用审慎和沉思的方式活动，这样的人才是一个正常的人。如果一个人缺乏这种自律，他就没有办法控制自己的活动，并会很容易被别人的意志支配。这样的人在社会中就像一条在海洋中漂泊的无人驾驶的船一样，随时面临着被海浪打翻的危险。

外部的影响起不到对一个人的行动提供有条理地指引的作用，所以一个人很难依靠他人的意志表现出得当的行为举止。当一个人将自己的行动完全依赖于别人意志的掌握时，这个人就产生了精神分裂。如果一个孩子发生了这样的情况，那么他就错过了本属于他的发展良机。这样的孩子就好像一个依靠热气球进行旅行的人。当他降落在沙漠中时，一阵风把他乘坐的热气球吹走了，于是他再也找不到任何能够让自己重新飞上天空的东西。这时，他会感到非常无助，不知如何是好。孩子的心理还没有成形，也没有得到发展和完善，所以他们没有办法用有条理的方式把意愿表达出来。当孩子陷入这样的一种情景时，他们就免不了和成年人争吵，而争吵的结果注定是失败。如此看来，孩子成了成年人社会中的牺牲品。

Part 15
运动对孩子成长的意义

我们在重视心理发展的同时，也不应该忽略身体运动的重要性。人们常常会在列举身体的各种运动功能时忽略一件事，即植物也有吸收、呼吸等功能，如果不把植物的这些功能和人类的这些功能明显区分开来，那么我们就犯了一个大错误。然而，人们在现实中却经常会犯这样的错误，仅把运动当成是一种辅助机体呼吸、消化和血液循环等方面的行为。

虽然运动是动物的特征，但它也能影响植物。可以说，运动始终伴随着所有的身体活动，但如果我们在考虑运动的时候只从身体的角度出发，而不考虑其他因素，那么我们又错了。我们都知道运动有益于人的身体健康，但是运动的好处不止这一点，它还能激发人们的勇气，并使人充满自信心。从精神的角度来看，运动能够对我们的精神产生影响，它能够使参与运动的人拥有更高的理想，并调动起观看别人运动的人的积极性。运动对人心理的影响要远远大于对人身体的影响。

孩子在成长的过程中要付出很多努力，也要从事很多种活动，所以，促使他们发展的不光有心理因素，还有生理因素。一个人的智力是通过他所获得的感官印象而形成的，所以能够将获得的印象清晰地回忆起来，并能够一直对这一印象产生清晰、明确的认识，对孩子来说是非常重要的事。孩子的理性在这一秘密的心灵工作中得到了发展，而是否拥有理性是区别人和其他动物的标准之一。理性是人类特有的，只有人类才能用理性做出判断，并在意志的作用下决定行动方向。

我们往往认为，在孩子的成长过程中，他们的理性也会自然而然地发展。我们没有试图为孩子提供帮助，反而用我们的思维不断向孩子施加压力，使他们的理性没有办法正常发展。这种情况经常发生，特别是在我们干扰孩子活动的时候。我们已经知道，运动对孩子有着重要的意义，它体现了一种创造性能量。运动能够完善人类自身，也能完善人类所生存的环境。人类在运动中对外界环境起作用，进而完成自己在这个世界上的使命。只有运动才能够在自我和客观环境之间建立起一种明确的关系，所以运动不仅是自我表现的形式，更是让意识得到发展的必要因素。

人如果想得到智力上的发展，就要从外界获得感官材料。所以，我们可以把运动或身体活动看成是智力发展的一个基本因素。我们在活动中接触到了客观现实，并从接触中获得了抽象概念。在身体进行活动时，人的心灵和外部世界发生了联系，但心灵既需要获得观念，又需要从外部表现自我，这两者缺一不可。

运动或身体的活动非常复杂。一个人身体上的肌肉总数非常多，结果导致一些肌肉被闲置，得不到适当的锻炼。不同的人经常锻炼的肌肉也是不同的，比如，一个芭蕾舞者会经常使用她腿部的肌肉，而外科医生最常使用的却是手部的肌肉。人们刚刚意识到不同的活动能够锻炼不同的肌肉。如果想要使自己的肌肉处于健康状态，那么我们就应该尽可能地使我们的每一块肌肉都得到锻炼。

一个人运用肌肉的方式会对他个性的发展产生影响。如果一个人的所有肌肉都长时间处于闲置状态，那么这个人的生命力就会非常脆弱。如果本应正常工作的肌肉总是处于休眠状态，从不发挥它应发挥的功能，那么这个人的生理能力就会大大降低，他的心理能力也会降低。这就是为什么我们常说，运动能够影响一个人的精神活力。

了解身体运动和意志之间的直接联系有什么好处呢？它能够使我们更充分地意识到，身体运动对人类是多么的重要。虽然生物的所有生长功能都与神经系统有关系，但这些功能都不依赖于意志。人体的每个器官都有它自己特有的功能。并可以以这样的方式一直工作下去。

我们体内的细胞和组织在工作的时候就好像专家一样，它们能够熟练而精确地完成它们的本职工作，然而一旦工作内容超出了它们的工作范围，它们就陷入了僵局。每个细胞和组织都有专属于它们的任务，它们之间的本质性差别在于，虽然构成肌肉的细胞早已被赋予了特殊的使命，然而在这个命令没有下达之前，它们并不能独立行动。它们就像一群等待长官下达命令的士兵一样，严阵以待。

还有一些细胞不需要外界的命令就可以独立行动，比如，分泌乳汁和唾液的细胞、供给氧气的细胞、与细菌做斗争的细胞和那些需要与上述细胞进行合作以保证人体健康的细胞。每一个细胞都好像一位勤恳的劳动者，它们会适应每一项特殊任务，努力为人体贡献力量，并促进整个机体功能的发挥。

相比于这些不自觉的细胞和组织的固定活动，肌肉具有相对的自由。当意志对其下达命令时，它能够马上做出相应的反应。只有经过长时间锻炼和练习的肌肉才能够迅速对意志发出的命令做出反应，并服从于意志。为了执行命令，这些肌肉群必须共同运动，并按照它们应有的功能共同发挥作用。

一个人的身体在执行意志的命令时必须不断地进行复杂的动作。只有动作才能将一个人的意志体现出来，所以我们应该在孩子想要把意志付诸行动时帮助他们，而不去干涉或制止。孩子天生就有一种自由支配运动器官的欲望，对他们而言，这是唯一能够表现他们智力的途径。所以我们说意志不仅能够起到指挥人类行动的作用，还能起到促进人类心理发展的作用。

在我们的学校中，我发现一个很有意思的现象，孩子对独立完成工作这件事的态度是积极的，他们喜欢这样做，并且会百分之百地投入和付出。当我把这一现象告诉这些孩子的家长们时，家长们都感到非常意外。这些孩子在自由行动的时候，会很积极地从周围的环境中搜集感官印象，并对自己正在从事的事情表现出异常的专注和谨慎。处于这一时刻的孩子的眼中闪烁着一种奇异的光芒，似乎他的精神正在现实存在和自我实现之间游离。孩子是最善于发现的人群。虽然他们还不具备为自己选择最适合的发展道路的能力，但他们的未来一定会十分美好。

Part 16
成年人缺乏对孩子的理解

　　成年人对孩子身体运动的重要性不够了解，所以才会时刻阻挠孩子进行自由活动，最终导致孩子的行为和心理出现失调。不仅是普通的家长，就连科学家和教育学家们对运动的认识也是模棱两可，他们都没有发现运动对人的发展起着重大的作用。

　　如果我们说"活力"是特属于动物的词汇，只有动物才能活动，如果我们用是否能够自由活动来区分动物和植物，那么我们为什么要对孩子的活动进行制止呢？成年人轻率地用"植物"或"花朵"形容孩子，并认为孩子应该时刻保持安静。还有些人用"天使"形容孩子，这说明在他们的心目中，能够自由活动的孩子不存在于我们生存的这个世界上。

　　这些想法揭示出在人们心中有一种令人感到不可思议的盲目性。心理分析学家弗洛伊德认为人们的潜意识中存在着"心理盲点"，而我们所说的这种盲目性要比弗洛伊德说的"心理盲点"更可怕。科学虽然能探索到潜意识的存在，并对其展开研究，但是却不能揭示它，由此我们可以看到这种盲目的程度有多么深。

所有人都对"器官能够对智力发展产生重要影响"这一说法表示认同。心灵通过听和看获得感知，被称为是"智力感觉"。由此可见，既失明又失聪的人在智力成熟的道路上会走得非常艰难。失明和失聪会造成人的智力相对低下，但却不会影响人的身体健康。一个既失明又失聪的人同样能够健康地成长起来，只不过他的智力要比能听能看的人低一些。但是，如果认为故意不让孩子看、不让孩子听仍然能够让孩子获得高水平的文化知识和社会道德，那真是太荒谬了。

尽管如此，但是想要让人们接受身体活动对人类的道德发展以及智力发展起着重要作用这一事实，还是有一定的难度。如果我们强迫一个正在发育的孩子停止使用他的运动器官，那么这个孩子就没有办法得到充分的、正常的发展。相比于那些失去了视力或听觉的人，这个孩子的智力会发展得更缓慢、更艰难。

盲人和聋人失去了与外界环境沟通的手段，但是他们的其他器官会在发展过程中对外界产生敏锐的感觉，这样就可以弥补一些感官上的缺失。然而一个"失去肉体自由"的人则不同，他所承受的痛苦要远远超出盲人和聋人所承受的。所以从另一方面来看，没有任何一样东西可以代替人的身体运动，即使是人的个性的形成都与身体活动脱不了关系。如果一个人对这一点产生不了认识，那么他就会离生活越来越远，并不断地伤害自己，就好像亚当和夏娃不得不在被天国驱逐出境后，满怀耻辱和悲哀地到另一个世界受苦一样。

我们通常把"肌肉"描述成人体的器官，这是一种与我们所说的精神概念相对立的概念。精神不包含物质，自然也就不具备任何的机制。很多人听到我们说"运动或身体的活动对心理的发展起着重要作用，这种作用甚至要比视觉和听觉更重要"时，都会觉得不可思议。然而，就连我们的眼睛和耳朵在发挥作用时都要按照物理的甚至是机械的规律。人们一直把眼睛描绘成"充满活力的照相机"，自然，它具有奇妙无比的结构。我们的耳朵就像一支乐队，拥有能够产生振动的鼓和弦。

但是，我们在提到这些伟大的器官在心理发展中起着什么作用时，只把它们当成获取知识的工具，而不是把它们当成机械的装置。我们利用这些工具与外界进行接触，满足心理需要，并对自我进行思考。我们的心灵需要不断地吸收养分，需要看到能令我们感到欣喜的艺术品，需要听到让我们心灵舒畅的音乐。人们会很自然地对不同的感官印象进行审美和判断。如果这世界上有那么多美丽的和美妙的声音，而我们却不愿意去欣赏，那么我们又为什么要长这么多复杂的感觉器官呢？对人们来说，重要的并不是看和听的本身，而是通过进行这两种行为，使自己的身心得到塑造和发展。

我们常说的运动就是指身体的活动，运动也能为我们带来同样的收获。虽然运动不需要像耳朵里的鼓膜或眼睛里的晶体那样专门化的零件，但也有很多器官在这一行为中起着作用。人类的教育和生活都有着同一个目标，即如何让自我受到激发而掌握其他的运动工具，进而使自己能够进行更加理性的行动。如果一个人不能达到这一目标，他就没有办法得到整体的发展，也不能够获得本能的提升。

Part 17
爱的智慧

　　人们按照自然规律进行每一项工作，并在工作中实现自我。当这些工作都完成后，我们将在一种和谐的氛围中得到发展，并产生一种爱的感觉。我们可以把这种表现看成是一个人身心健康的标志。

　　爱就像一颗得到了太阳光芒的行星。它不是冲动产生的结果，而是在创造中产生的，本能就是产生爱的动力。孩子的心中承载了满满的爱，他们在爱中实现了自我。

　　处于敏感期的孩子会对物体产生不可抑制的冲动，这种冲动就是爱的表现。孩子爱他们周围的环境，这种爱不仅反映出了孩子们的情感，还对孩子认识世界起到了促进的作用。孩子的智力发展需要爱，是爱使孩子有了听和看的需要，并使孩子在听和看的过程中逐渐成长起来。这种爱和我们平时认识的爱有所不同，它能让孩子对智慧产生理解和吸收，并在爱的过程中产生出来。但丁把引导孩子们去观察事物的自然的欲望称为"爱的智慧"。

在爱的驱使下，孩子能够以一种敏锐和热情的方式去对环境中的特征进行观察。我们成年人也需要具备这一点，然而我们却往往忽略了这一点。什么是爱的特点呢？爱的特点就是能够使人对其他人不注意的事物产生敏感，并揭示出一些不被其他人认识到的细节和专门特征。一些人产生疑问："难道除了爱，再没有其他原因能够使我们发现这些特征吗？"是的，没有。孩子在爱中获得了智慧，并对环境产生了兴趣，所以他们能够发现很多我们发现不了的事情。

我们总是把孩子对环境的热爱看成是孩子的天性，认为孩子天生就有着无穷无尽的活力，他们对什么都能产生兴趣。但事实并不是如此。孩子能够热爱环境，是因为在他们的精神中存在着一种能力，这种能力能够为孩子创造出一个美丽的心灵。

孩子的爱是单纯的，他们能够爱，是因为他们希望获得一些能为自己提供生长媒介的感官印象。孩子会不停地吸收东西，直到这些东西成为他们生命中的一部分，可以受他们的支配为止。

孩子对成年人有着特殊的爱。孩子需要成年人为自己提供物质上的帮助，也需要成年人为自己提供能够促使自己发展的东西。他们把成年人的嘴唇想象成一口喷着词汇的喷泉，他们希望能够从这个喷泉中汲取到自己需要的词汇。他们尊敬成年人，并愿意让成年人成为自己的指导者。成年人对孩子的刺激对于孩子来说有着神奇的力量。孩子通过模仿成年人的行为举止学会了如何生活，并从成年人的语言中得到了暗示。

孩子对成年人的敏感性使他们总是受到成年人的支配。回想之前我提到过的例子，我们就能够清晰地看到这一点。从那个把鞋子放在床单上的孩子身上，我们看到了孩子具有天真的服从性，成年人的暗示能够对他产生深刻的影响。也许一个成年人对孩子讲过一些话后就会忘记，然而孩子却会把这个成年人说过的话牢牢记在心里，就好像在大理石上刻下了碑文一样。还有那个看到布就会说"音乐"的小女孩，她热爱她周围的一切东西，她渴望能够学到一些相关的知识。所以当我们准备在孩子面前说些什么、做些什么之前，一定要仔细斟酌一下我们将要说的、做的是否适合在孩子面前说和做。我们要对我们的行为负责。

孩子喜欢听从成年人的指示，这是他们的精神根源。但他们也会在成年人让他们放弃那些有利于他们成长的本能时感到生气，并进行反抗。成年人为了维护自己的利益而牺牲孩子利益的做法就好像在孩子长牙的时候强制性地压住他们的牙齿，不让它们长出来一样。孩子想要发挥他们的创造力，于是他们会对成年人发脾气或反抗。他们想要对这个自己深爱的却不理解自己的人表达自己的不满，可是成年人却对他们的表达无动于衷。于是，孩子和成年人之间的冲突就这样产生了。我们应该在看到孩子发脾气、不听话的时候想一想，是什么使他们这样做的？我们应该意识到这样一种冲突的存在，并从中意识到孩子正在进行自我保护。

我们应该记住，孩子对我们有天生的服从意识，他们爱我们，他们对我们的这份爱超过他们对任何事物的爱。可是在现实生活中，大多数成年人却只知道自己对孩子的爱。这些人经常对孩子强调："你看爸爸妈妈是多么爱你啊！""你们看老师是多么爱你们啊！"

成年人想要教会孩子如何去爱，并希望孩子能够按照自己教给孩子的方式爱身边的所有人，爱他们所在的环境和所有动物、植物。但是，这些成年人真的有资格去教孩子如何爱吗？成年人不理解孩子，忽略孩子的正当需要，并把孩子的正常表现当成任性，把孩子的内心表达当成发脾气。成年人们只想保护自己的财产免遭破坏，只想避免孩子干扰自己的生活。这样的成年人难道能够把正确的爱的方式传达给孩子吗？不能。因为这些人不具备我们所说的"爱的智慧"的敏感性。

事实上，孩子一直爱着成年人。他们需要有成年人的陪伴，需要自己爱的人能和自己在一起。他们希望周围的人能对他们产生注意，看着他们，并和他们在一起。

孩子会在爸爸妈妈准备去睡觉时向爸爸妈妈呼喊，因为孩子爱着自己的爸爸妈妈，不希望他们离开自己。一个还不能吃饭的孩子会在看到妈妈去吃饭时哭着吵着要和妈妈一起去，他并不是为了能和妈妈吃一样的东西才这样做的，他只想时时刻刻和妈妈待在一起。孩子用他们的方式向我们这些成年人表达着爱，可是我们却往往意识不到孩子对我们的爱有多么强烈。

我们应该记住，我们的孩子只会在他们的幼年时期才会如此地爱我们，等他们长大了，这种爱就会消失。等到那时候，还会有什么人像现在的这个孩子一样爱我们吗？还会有人在睡觉前缠着我们不肯让我们离开，并深情地恳请我们和他们待在一起吗？还会有人仅仅为了能够看到我们而黏在我们的身边吗？不会了。等到这些孩子长大了，他们就会在晚上习惯性地对我们说声"晚安"，然后回到自己的房间睡觉。我们现在设下的防备到那时就都派不上用场了，因为这份爱一旦消失，就不会再出现。

我们曾有机会享受孩子对我们的爱，可是看看我们都做了什么呢？我们不想接受这份爱，并在自己的四周设下了重重防备。面对孩子的纠缠，"没时间"、"我忙"成了我们最习惯挂在嘴边上的词语。在我们的意识深处有着这样一种想法："我必须改变这个孩子。因为如果我不这样做，我就会一辈子成为他的奴隶。我可不想这样。"为了摆脱孩子，为了能够有时间做我们自己喜欢的事，我们做了很多的努力。

对于很多的爸爸妈妈来说，没有什么事比孩子在一大早跑进自己的房间更让人头疼了。这些爸爸妈妈在感到头疼的同时，并没有意识到这是孩子对自己爱的表现。除了爱，还有什么力量能够促使孩子一睁开眼，就想要穿过挂着厚重窗帘的黑暗的房间，去寻找自己的爸爸妈妈呢？天亮了，孩子从床上爬起来，蹑手蹑脚地走到爸爸妈妈的身边。爸爸妈妈还在熟睡，孩子趴在爸爸妈妈的床边，静静地看着这两个自己深爱的人。有时，孩子会忍不住伸出小手碰一碰爸爸妈妈的脸，或是亲一下他们，结果这个小小的动作把爸爸妈妈弄醒了。于是，爸爸妈妈很生气，他们认为孩子不听话，并向孩子抱怨道："和你说过多少次了，不要一大清早把我们弄醒。"孩子会这样对爸爸妈妈解释："我没有叫醒你们，我只是想亲你们一下。"其实孩子心里想的是："我并不想打扰你们睡觉，我来只是想让你们有一个更好的精神。"

的确，孩子的爱能够唤醒我们的精神。我们已经对这个世界麻木了，我们不再富有生机和活力，我们需要有一个人带我们脱离这浑浑噩噩的生活。这时，唯一能够把我们从麻木中唤醒的人就只有我们的孩子。如果没有孩子，成年人会变得越来越颓废，成年人的心也会生出一层厚厚的茧来。成年人会变得不求上进、冷漠无情、麻木不仁。所以，我们应该学会更好地生活，我们应该为能够接受到孩子的爱抚而感到荣幸。

在《福音书》中上演了富有戏剧性的一幕：人们在等待上帝最后的审判，耶稣基督对那些在人间从未用任何方法改变自我的人说："离我远一点，你们这些可恶的人。你们从来没有在我生病的时候照顾过我。"这些人听到耶稣这样说，纷纷为自己辩解道："主啊，我并没有看到你生过病啊。"耶稣对他们说："这世间所有贫困或患病的人都是我。"耶稣又说道："走开，你们这些可恶的人。你们从来没有在我身陷囹圄的时候探视过我。"这些人也急忙为自己辩解："主啊，你在什么时候进过监狱呢？"耶稣说："这世上所有身陷囹圄的人都是我。"这一事实告诉我们，天下所有正在受苦的人都是耶稣的化身，我们应该安慰那些贫穷的人、患病的人和饱受折磨的人。同样，如果我们也对孩子进行安慰，我们就会发现，孩子也是耶稣的化身。

不要等到我们面临最终审判时才意识到这一点。不要等到耶稣质问我们，为什么我们要拒绝他的爱、不肯接受他每天早上对我们的呼唤时反问他什么时候呼唤过我们。当我们的孩子在叫我们起床时，当我们的孩子恳求我们不要离开时，他们就是耶稣的化身。人类往往由于自身的愚蠢失去了接受圣恩的机会，耶稣基督想要唤醒我们的爱，教会我们爱，可我们把那当成是孩子的任性，并失去了我们的爱心。

Part 18
孩子的教育

    孩子心理活动的表现方式很微妙，常常会被我们忽略，但是我们必须认识到这一点，否则就会在无意之中破坏他们的活动方式。

    对孩子来说，成年人生活的环境并不适合他们生活和发展，反而会使他们在成长过程中不断遇到障碍。孩子在这样的环境下会变得乖戾，并很容易受到成年人的暗示。人们在进行儿童心理学和儿童教育的研究时，所处的位置都是成年人的位置，而不是孩子的位置。所以，我们必须重新审视这些研究所得出的结论。正如我们所见，孩子每出现一种不同寻常的反应，我们就面临着一个新的有待解决的问题。孩子每发一次脾气，都表明了有一种根深蒂固的冲突存在。我们不应该把这种冲突简单地解释为孩子对不利于自身健康的环境进行的自我防御，而是应该理解为孩子在寻求自我表现，并想用这种方式向我们示威。孩子的脾气就像夏日里的暴风雨一样，隔着雨帘，我们没有办法体会到他们真实的想法，他们的本我被深深地隐藏在了内心深处。

显然，孩子的真实心灵被层层伪装遮蔽得严严实实。孩子实现自我的努力被任性、挣扎和心理扭曲的表现掩盖住了，孩子真正的个性也不能够被展现出来。为什么孩子会出现这些令人不安的外在表现呢？在这些表现的背后，又隐藏着孩子们怎样的早期心理发展进程呢？可以确定的是，这些进程一定是按着明确的发展计划进行的，并且这背后一定还有一些应该被揭开的属于孩子的秘密。了解还没有被认识的孩子是教育面临的最紧迫的任务，我们有义务把所有孩子从缠满荆棘的笼子中解救出来。

对成年人进行的心理分析和对尚未被认知的孩子进行的心理研究是不同的，其根本区别在于，在成年人的潜意识中，有一种力量在进行自我约束，而在孩子的心里，则有一个和他们所处的环境相关的秘密。我们在帮助一名成年人时，要着重帮助他解除在漫长的成长时期中形成的障碍。而在帮助孩子时，我们要为他们提供一个环境，这个环境需要使孩子想要自由自在地发展的需要得到满足。孩子正处于自我创造和自我实现的时期，他们正经历着从不存在到存在、从潜在性到实际性的过程。处于这一时期的孩子其实很简单，他们的能力能够日益增强，所以展现自我对他们而言不是件困难的事。我们应该为处于这一时期的孩子打开一道通往自由的大门，让他们进入一个自由的领域，在其中进行创造和发展。

只有在一个不受约束的环境中，孩子才能自然地发展他们的心理生活，并把内心的秘密展现出来。如果我们在实施儿童教育的时候不以这条原则为标准，那么我们的教育就会越来越无可救药。

认识孩子并让他们得到解放是新型教育的基本目的。如何让孩子过上幸福的生活是新型教育要解决的首要问题，其次，要在孩子的成长过程中及时向他们提供必不可少的帮助。这也就意味着，我们必须要提供给孩子一个适合他们成长的环境，在建造这一环境时，我们要尽可能减少那些会阻碍孩子成长发育的因素的产生。这个环境中还必须具备一个活动场所，以便孩子可以在这一场所中进行能力的锻炼。作为孩子生活环境中的一部分，成年人应该担负起自己的责任，努力配合孩子，以适应孩子的需要。我们不应该成为孩子独立活动时的绊脚石，也不应该剥夺孩子从事那些能使他们成长的活动的机会。

在我们的教育体系中，环境占有极其重要的位置。我们学校对老师的作用进行了探讨，并制定了制度，即老师不可以出现可能对孩子发展造成障碍的行为，并且在孩子进行自由活动时，老师不可以用自己的权威向孩子发号施令。这样，孩子就能主动、积极地参与到活动中。孩子在自由活动中取得了很大进步，老师看到后也深感欣慰。老师本身并没有为孩子做太多的事情，正如施洗约翰所说的："他必须增加，我则必须减少。"

我们的教育体系中还有一个明显的特征，即尊重孩子的人格个性。这一原则在我们的教育体系中占有非常重的分量。在最早以"儿童之家"而闻名的机构中，以上的三条原则都得到了充分的落实。

为什么我们把学校取名为"儿童之家"？这个名字带有家庭的含义。人们在对我们的新的教学体系进行讨论的时候，会对我们学校中老师和孩子的角色互换特别感兴趣。在我们的学校中，老师没有固定的讲桌，也不具有权威，他们甚至不会主动进行教学活动。在我们的学校中，孩子才是最主要的，他们可以做任何想做的事，可以不受任何限制地四处走动。

我们提出的这些做法被一些人认为是乌托邦，还有些人认为，我们不可能完全做到。但同时，我们的另一些新颖的措施得到了人们的广泛认同，比如说在学校中安置一些适合孩子使用的东西。儿童之家的家具都十分适合孩子使用。我们为孩子特制了和现代家庭家具一模一样，只是体积小了很多的小桌子、小椅子、可以轻易被孩子打开的小橱柜和其他生活用品。这些东西都在促进孩子发展的方面起到了很好的效果。我相信，会有越来越多的儿童之家将这些能给人带来愉悦和方便的特色作为儿童之家的主要特征之一保持下来。

我们可以对这些已经被深入研究过，并曾用来做大量实验的事物进行二次考察。尤其是考察其起源，这是很有价值的。

有人认为，只要对孩子进行一些实际的观察，我们就能够得出一些惊人的结论。比如，在孩子的本性中，有一种神秘的力量在支持着他们。这些人认为，我们可以以这一直觉为基础，由此构想出一种特殊的学校和教育体系。其实这种想法是不对的。没有人能够对某种仍然不为人知的东西进行观察。我们也不可能单凭直觉就断定孩子拥有两种本性，并企图对他们进行实验，以证明我们的猜测。

如果我们想要了解一种尚未被认识的事物，我们就应该用一些特殊的方式等它自己表现出来。当这一事物真正出现在我们面前时，我们也不应该对最早发现它的人产生怀疑。这就和世界上的其他事物一样，一个人会对新的事物产生抗拒，但这个新事物会不断地提醒着这个人，直到这个人能够对这一事物产生理解、承认，并接受。这些被新的事物震惊的人最终会接受它们，并且会深深地迷上这些新事物，有些人甚至会心甘情愿地把毕生的精力奉献给它们。这些人富有巨大的激情，甚至把自己看成了这个新事物的创造者，虽然实际上他只是对这个新事物的产生比别人表现得更敏感而已。

对我们来说，想要发现一件新事物是件困难的事，还有更困难的，因为我们对新事物的感觉大门是关闭的，所以我们很难让自己相信，这个新事物是真实存在的。然而当我们发现了新事物，并确认了它的确存在后，我们就会变得像《福音书》中那个寻找宝藏的商人一样。在面对一个无价的珍宝时，我们往往愿意为了拥有它而牺牲一切。

我们可以把人类的智慧之门比作一个贵族的画室。这个房间从来不会对陌生人开放。如果外面的人想要进去，他就必须在一个熟悉这个画室的人的带领下才能进去。在没有人能够带领他进去的情况下，他只好用力将紧闭的大门砸坏，或在别人没有防备的时候偷偷地溜进去。这个人一旦进入这个房间，他就会成为第二天报纸上的头条新闻，轰动一时。有时，一件看似平凡无奇的琐事能够开辟一个新的、无止境的领域。从本质上说，每个人都是一名探索者，人们之所以能够前进，就是因为他们能够发现那些看起来似乎没有意义的细节。

物理学和医学在鉴定新发现时依照的标准十分严格。这些领域中所指的新发现，是指对一个以前没有被人们认识，也没有被人怀疑过的现象进行证明。这种现象是客观存在的，并不依赖人的直觉发生变化。对这一现象的验证总共分两步：首先，必须将被研究的现象从其他的现象中分离出来，并且这一研究要在不同的条件下进行；其次，这一现象必须能够再次出现，这样人们才可以从不同的角度对它进行研究，以确定它是真实存在的、有价值的有形资产，而不是一种幻觉。

下面是我在当时所做的一些笔记,它们描述了我们教育体系的起源。

你是谁?

我们的第一所"儿童之家"创立于1907年1月6日,招收对象为3~6岁的孩子。在那时,我们并没有一个完整的、专门的教育体系。我们什么都没有,只有50多名衣衫褴褛、面露怯色的孩子,他们都是穷人家的孩子,其中的一些还在偷偷地抽泣。这些孩子的爸爸妈妈都没有受过良好的教育,并且大多数都是文盲。

他们在这些孩子生活的公寓楼中腾出了一个房间作为这些孩子的收容所,并让我负责照看。这些孩子一旦受到看管,他们就不会再满楼梯地乱跑,或是在公寓的墙上乱写乱画,这样公寓的人也就少了很多麻烦。

当时我有一种说不出的感觉,我不知道它究竟是什么,只是觉得我即将从事的是一项伟大的工作,并且这项工作一定会有喜人的成绩。"儿童之家"创立的这一天刚好是主显节。在主显节的宴会上,人们的弥撒和祈祷的主题在我听起来好像是一种预言:"黑暗笼罩着这个世界,这时,天空的东方出现了几颗星星,它们闪烁着耀眼的光辉,为人们指明了前进的方向。"

我的做法让很多出席开幕典礼的人感到惊讶,他们的心里一定在想这样一个问题:"为什么蒙台梭利小姐要为那些穷孩子们建立一个这么好的收容所呢?"

在工作中，我就像一个农夫一样，虽然没有得到优质的种子，但是我却得到了一片肥沃的土壤。到了收获的时候，我惊喜地发现，虽然我没有从这些地里收获到粮食，但我却收获了很多的金子。也就是说，这片土壤中蕴藏了大量的宝藏。而在这之前，我并没有想到我能从为孩子们所做的事中得到这么大的收获。

为了帮助这些智力不够健全的孩子，我做了很多工作，并在教育他们的过程中采用了各种各样的方式。事实证明，我这些努力都没有白费。这些孩子都有了很大的进步，于是我可以由此推测出，我用来帮助那些智力不健全的孩子的方法是有效的，既然它们能够纠正这些智力不健全的孩子的思维方式，那么对于智力健全的孩子来说，它们也一定能够起到作用。我总结了我的经验，精心拟定了一些心理卫生原则，并尽可能让人信服并把这些原则用到对正常孩子的教育中。可是，产生的效果令我非常吃惊。

我将这些方法用到智力健全的孩子身上后，所产生的效果和智力不健全的孩子完全不一样。一个智力健全的孩子被一个物品吸引住时，就会把全部的注意力集中于这一物品。在工作中，他的精力始终保持着高度集中的状态，当工作完成后，他的脸上呈现出满意、轻松和高兴的表情。当他们完成手中的工作时，他们眼神中充满了因完成了自己喜欢的工作而产生的满足感，他们的表情是那样的平静，这是我第一次看到孩子的脸上会出现这样的神情。

我给孩子的物品对孩子所起的作用与一把给闹钟上弦的钥匙对闹钟起的作用相似。我们可以用钥匙给闹钟上弦，闹钟上紧弦后，就会自动地、不停地运转起来。而孩子在得到一件物品后，他们不仅会不停地用这件物品进行工作，还会在工作的过程中得到自身的发展，他们会在不停地付出努力的同时变得更加强壮和健康。

我用了很长的时间才让自己相信这并不是幻觉，而是实实在在发生的事。每一次新试验成功后，我都感到震惊。我在很长一段时间里不敢相信这一结果，也不相信那些把结果告诉我的老师们看到的是事实。我甚至还责备一位向我反映孩子能够专心做事的老师："不要把你的幻觉说给我听。"我记得她并没有生气，并激动地对我说："你说得没错，我在看到他们能够专心致志地工作时，也在想，一定有天使在他们的身后帮助他们，为他们提供动力。"

有一天，我看着这些孩子，心中充满了尊敬和热爱，我不禁把手放在胸前问我自己："你是谁？"也许，这些孩子就是耶稣怀抱着的孩子。耶稣曾说过，任何人只要接受了他怀中的那个孩子，那么这个人也就同时接受了他。耶稣也说过，不管是谁，只要那个人不像孩子一样承认、相信天国的存在，那么那个人在死后就不能够进入天国。我去看这些孩子的时候，他们的眼中含着眼泪，好像受到了惊吓。看到如此胆怯的他们，我竟不知道自己应该怎么和他们说话。他们的脸上没有表情，眼神很空洞，好像他们什么都不曾拥有过，也从来没有看到过任何东西。事实上，他们过着贫困的生活，并一直遭受着冷落。他们生活在阴暗、破旧的房子里，他们没有接触过任何能够激发他们心灵的东西。所有人都看得出，这些孩子缺乏营养，他们就像缺乏新鲜空气和明媚阳光的花蕾，注定没有办法绽放出绚丽的花朵。

究竟什么样的环境让这些孩子在后来发生了惊人的转变？又是什么让

这些孩子获得了新生,并将这种生命的光辉普照到整个世界?

很显然,这些孩子成长中的障碍已经被清理干净了,他们找到了能够让心灵自由的方法。但是,那些障碍又是什么?或者他们需要得到什么样的养料才能够发芽、开花呢?通常,这些养料是那些看起来可能会产生相反的效果的东西。

我们可以先看一下这些孩子的家庭背景。这些孩子的爸爸妈妈处在社会的最底层,他们中的大多数都是文盲,即使有个别人受过教育,也只是很初级的教育程度。他们没有固定的工作,只能靠每天出去做一些零散的工作养家糊口。所以,他们也没有时间照顾自己的孩子。

很明显,没有人对照顾这样的孩子抱有希望。我们的第一所学校是由一家房产公司出资建立的,这家公司之所以会出资建立这样的一所学校,是为了避免孩子破坏楼房的墙壁等公共设施。房产公司的人把这笔费用算进了房屋维修费中,当然,这笔费用和维修房屋所需要的费用相比要小很多。

这所学校只能算是一家私立机构,算不上是一家正规的福利机构,因为他们并没有为孩子准备免费的午餐,也没有为孩子提供医疗保护,就连孩子上课用的桌椅都没有。房产公司仅为我们提供了可以建立一个带家具和其他设施的办公室的资金,所以我们不得不自己为孩子配备一些桌子和椅子,而没有办法去购买正规学校用的那种桌椅。所以,我们的第一所儿童之家并不能算是一所标准的学校,因此也无法判断出它所具有的价值。但也正是在这样的一个环境中,我们才能对促使孩子转变的各种心理因素进行分析和论证。

由于资金不足，我们的学校没有标准的桌子，也没有一般学校中配备的教学设施。这个房间布置得非常简单，看起来就像一个家或办公室。尽管如此，在这个房间中，的确有一些特别的设施。这些设施看上去就好像我曾在一所弱智儿童机构中用过的一样，总之，它们肯定不能被称为学校的设施。现在的儿童之家里，人们能够看到漂亮的、适合孩子使用的家具和优雅的环境，但在第一所儿童之家里，这些东西是看不到的。房间里有一张牢固的可以被当成讲桌的桌子，还有一只很大的用来存放各种物品的柜子，柜子的门非常结实，并且经常挂着锁头，锁头的钥匙在老师手里。另外，我们为孩子准备了一些结实的桌子，每张桌子能够坐下3个孩子。我们把这些桌子摆放得整整齐齐。除了长条板凳，我们还给每个孩子提供了一把小扶手椅。

　　学校的院子里，除了一小片草坪和树，别的什么都没有。所以后来，我们学校把不种植花卉作为了学校的特征之一。我并没有幻想能够在这样的一所学校里进行什么重要的实验，我只是对这些孩子进行了感官训练，并希望从中了解到这些正常孩子会做出哪些与弱智的孩子不同的反应。并且，我对年龄较小但智力正常的孩子和年龄较大但智力有缺陷的孩子之间有怎样的区别感到很有兴趣。

　　因为不能给这些孩子请到一位受过专业培训的老师，所以我们雇了一位普通的劳动妇女。幸好这位妇女没有接受过教育，对教育也没有什么反感，不然她早就对这一工作产生厌倦了。我没有对这个妇女设置任何限制，也没有给她安排任何特殊的任务，只是告诉她应该怎样运用各种物体对孩子进行感官上的训练。看得出，她本身对这些感官教材也很有兴趣，有时还会就这些教材进行创新，我也没有对她的创新精神加以干涉。

一段时间过去后，我发现这个老师亲自做了一些东西，并把它们拿给孩子使用。她用纸做了一些精美的金色十字，并把它们奖励给那些表现优秀的孩子。于是我经常看到一些孩子胸前戴着这些金色的十字形的奖章，快乐地从我面前跑过。她还会教孩子们在行军礼时把一只手放在胸前，并把另一只手碰到前额上，看到这些孩子照着做，她感到很高兴。这些孩子中最大的才5岁，当我看到他们在这样的教学中感到快乐时，我也感觉到很快乐。

于是，我们和这些孩子在这样的环境中开始了生活。我们的生活很平静，曾有很长的一段时间，没有人知道我们是怎样生活的，每天都在做什么。对这一时期的主要活动进行总结是对我们有帮助的。也许我所参与的这些工作并没有什么科学依据，发生的这些事情也没有什么意义，但我正在进行一些重要的观察，并试图从中得出一些正确的结论。

Part 19
观察与发现

重复练习

有一件事引起了我的特别关注。有一个大约 3 岁的小女孩在不停地重复着一项活动，即把一些大小不一的圆柱体放到不一样的容器里，再把它们拿出来。我发现，这些容器上有着大小不一的孔，这些孔的大小分别和那些圆柱体的大小一样。当一个圆柱体被正确放在相对应的孔里的时候，它就像瓶子上的木塞一样完好地嵌了进去。这个小女孩能够一遍又一遍地做着同样一个练习，这令我感到很惊讶。因为她做这件事的频率是相同的，没有因为做的次数多了就加快速度。

出于习惯，我开始数她重复进行这项练习的次数。并且，我也想看看她究竟对这项练习有多么的专心。我让老师领着其他的孩子在这个小女孩身边一边走动一边唱歌，但这一点也没有影响到这个小女孩。我把她坐的小椅子抬了起来，于是她马上把正在操作的物品抓在手里，并放到膝盖上，然后继续她在做的事情。这时我开始计数，她一共把这项练习重复了

42遍。这时，她停了下来，好像刚刚做了一个梦一样，面带微笑地环顾着四周，眼中闪烁着光芒。她甚至没有发现我们曾做了许多干扰她工作的事。我没有发现让她停下来的原因，也不知道是什么力量促使她不停地进行这项工作。

这件事促使我第一次对孩子那尚未被探索的心灵深处产生了关注。通常情况下，我们认为处在这一年龄段的孩子不能够将注意力长时间集中在同一件事情上。做一件事情时，他们只要持续做了一段时间，就会失去对这件事情的兴趣，转而去做另一件事。然而，这个小女孩却能如此专心地做一件事，甚至连外界的刺激都觉察不到。当她把不同的圆柱体插入了相应的孔里时，她的手也随着做了富有节奏的运动。

我们还观察到了很多类似的情况。孩子会在经历了这些类似的体验后充满活力，好像他们刚刚休息过一般。他们的脸上都会流露出非常愉快的神情。

虽然我们在生活中很少能够看到孩子会如此专注于某一件事，并且专注到忘我的地步，但我还是发现，所有的孩子都会表现出这种奇怪的行为，并且这种行为会出现在他们所有的活动中。这种现象就是后来被我们称为"重复练习"的现象。

有一天，我发现孩子们的手脏了，便认为这是教会他们洗手的好时机。等到我教会了他们洗手后，我发现一件奇怪的事，这些孩子的手明明已经洗干净了，可是他们还在一遍又一遍地洗着手。放学前，这些孩子又一次跑到水龙头前清洗他们的小手。后来，一些妈妈告诉我，她们的孩子会在早晨自己进入洗手间洗手，一些孩子还会在洗完手后把小手举到爸爸妈妈面前。一开始，爸爸妈妈以为孩子在向自己要什么东西，后来才发现，孩子是想让自己看他们洗干净的小手。这些孩子没有外在原因地一次又一次进行洗手这项活动。在其他活动中，我们也发现了这一现象。当我们越是仔细地教给孩子一项活动时，孩子就会越主动地对这项活动进行练习。

自由选择

还有一个非常简单的事实。有一位老师向我反映，她的孩子不听她的话。她说，孩子使用的东西都是由她分发给孩子们，然后再依次收回来的。可是，每当她想把用过的东西收回时，孩子们都会离开自己的座位，走到她的面前，任凭她说什么，这些孩子都不肯回到座位上。

我对这位老师口中的孩子们进行了观察，终于明白了其中的原因。这些孩子希望能够自己把用过的东西放回到它们原来摆放的位置。当我允许他们这样做后，我发现，这些孩子开始了一种新的生活。他们会着迷于有秩序地摆放物品，并会把所有物品摆放整齐。如果有一个孩子不小心弄碎了一只玻璃杯，其他孩子就会马上跑过去把玻璃碎片扫干净。

有一天，老师不小心将一只装有 80 种颜色依次排列的小方块的盒子弄翻了，里面的小方块散落了一地。这位老师感到很难办，因为想要把这么多颜色不同的小方块重新按照正确的顺序排列是件烦琐的事，要花费很多时间。可是孩子们来了，他们只用了很短的时间就把这些小方块重新排好了，并且顺序完全正确。孩子们在这方面的敏感性令我感到十分惊讶。

一天，这位老师下课后忘了锁放教具的柜子。第二天，她来得有些晚,当她进入教室后,她发现班上的孩子正在从打开的柜子里向外拿教具。这位老师认为孩子们在做一件不道德的事,因为未经老师允许就私自拿柜子里的东西属于偷窃的行为。于是她对孩子们进行了一番思想道德教育,告诉孩子这样做是对老师和学校的不尊重,以后不可以这样做了。然而,在我眼中,孩子们做的事并非是违背道德的事,他们不过是已经对这些教具产生了认识,并且知道如何使用这些教具,所以才自己动手的。后来的事情向我们表明,事实的确如此。

我们能够从孩子的自由选择中判断出他们的心理需要和倾向。第一个有趣的发现是,当我们为孩子们提供了大量的教具时,孩子只会选取其中的部分教具,而不是所有。他们选择的往往是他们比较偏爱的东西,对于其他没有兴趣的东西,他们则不会过问,于是我们便有了不少总是积满灰尘的教具。

我们常把所有的教具展示在孩子们的面前,并让老师为孩子分发教具,再告诉孩子们应该如何使用这些教具,孩子们从来没有主动使用过某样教具。从这一点中,我意识到给孩子使用的教具必须能够适合孩子的需要。我们要先保证教具都能够摆放有序,不发生混乱,然后把那些不需要的教具淘汰出去,这样孩子就会自然而然地对教具产生兴趣和专注力。

玩具

曾有一件事令我感到很惊讶。我们在第一所学校里摆放了不少精美的玩具,可是却没有孩子愿意玩它们,于是我决定亲自向孩子们示范如何玩这些玩具。我把一个漂亮的玩具娃娃放在了玩具娃娃的房间里,并向孩子演示了如何用小碟子装东西给娃娃吃，以及如何点燃玩具娃娃的厨房里的炉灶。可是孩子们对这些东西只产生了很小的兴趣，并且兴趣持续的时间非常短暂。由于孩子们从来没有主动选择过这一类的玩具，我意识到，他们并不看重这类游戏，也许在他们的生活中，游戏所占的重要性微乎其微，只有没有其他事情可以做的情况下，孩子们才会去玩。如果孩子能够发现更重要的、更值得他们做的事情，他们就不会去做那些琐碎的活动。孩子把游戏当成是一种闲暇时的消遣，就好像成年人下象棋或打桥牌一样。如果我们让孩子进行长时间的游戏，他们只会感觉痛苦。孩子一旦发现更重要的事情可以做，他们就不会对玩感兴趣了。

孩子将每一分每一秒都用在从低阶段向高阶段迈进的努力上。由于他们的时间非常宝贵，所以他们不会对那些悠闲的工作产生兴趣，而是只会对有益于他们成长的活动着迷。

奖惩制度

有一次，我在学校看到一个胸前戴着奖章的孩子独自坐在教室中央的一把椅子上。他的老师告诉我，这个奖章不是这个孩子的，而是另外一个受了表扬的孩子的。可是那个孩子似乎并不喜欢这枚奖章，反而觉得这枚奖章妨碍了自己的工作，于是只戴了一会儿就把奖章送给了受罚的孩子。再看那个受罚的孩子，他就静静地坐在那儿，一动也不动，有时会毫不在意地扫一眼别在胸前的奖章，然后再环顾整个教室，看不出他有丝毫的愧疚。

从这件事上，我们猜测奖励和惩罚制度对孩子是无效的。而后，我们的进一步观察更是说明了这一点。孩子根本不在乎奖励或惩罚，于是这位老师也不再愿意对孩子实施奖励或惩罚了。我们在观察中发现，有不少的孩子经常拒绝接受奖励，这说明孩子并没有意识到奖励和惩罚的实质。从此，我们也不再奖励或惩罚孩子了。

安静

有一天，我从一位妈妈手中接过一个4个月大的女婴，并把这个女婴抱进了教室，女婴的妈妈则留在了院子里。这个女婴静静地睡在襁褓里，红扑扑的脸蛋儿特别招人喜爱。我被她的安静打动了，突然想让班上的孩子也体会一下我现在的感受，于是我对班上的孩子说："你们看这个孩子多安静啊，你们肯定做不到像她那么安静。"没想到，我的话音刚落，这些孩子就突然静了下来，用一种和平时不一样的神情盯着我，好像在努力参透我话中的意思。我又说道："看她的呼吸多么平静和均匀，你们肯定做不到这样呼吸。"这时，班上的孩子们都开始屏住呼吸，教室里一下变得异常安静，甚至连钟表的嘀嗒声都能听得清。刹那间，一种前所未有的安静气氛笼罩了整个教室，而制造出这种气氛的人竟然是一个只有4个月大的女婴。

所有人都在全神贯注地体验着这种安静，没有人动。孩子们并不是在激情的作用下参与到这项活动中来的，因为激情不是出于内心深处的愿望，而是一种外在的表现。所有的孩子都在尽可能平静地呼吸着，他们是那样的安静、那样的专注。我们仿佛在这令人感动的安静中听到了远处泉水的叮咚声和鸟儿的鸣唱。我们的"安静练习"就是这样由来的。

有一天，我想试着用这种练习来检验孩子们的听觉。于是我站在不远处低声叫他们的名字，被叫到名字的孩子必须尽可能不发出任何声响地走到我的面前。我认为这种锻炼孩子耐心的练习对他们来说很困难，于是特意准备了糖和巧克力，想把它们分给表现好的孩子。可是当我把糖和巧克力递给孩子的时候，他们反而不肯接受，仿佛在向我证明，他们在这种练习中体验到了喜悦和美好，其他的东西只会令他们分心，所以他们不需要。这时我才发现，孩子不但对安静的感觉敏锐，对叫他们的声音感觉也很敏锐。即使这个声音非常微弱，小到几乎听不到，他们也会小心翼翼地移动到叫他们名字的人的身边。

我在后来又认识到，和用安静来制止噪音的练习相同，每一项能够纠正孩子错误的练习都能在很大程度上帮助孩子。那些通过语言教导很难达到的目标，在这些练习中都轻而易举地达到了。孩子在这些练习中变得日益完美。在学习如何绕过各种物体而不撞倒它们的过程中，孩子变得更加灵敏。他们为自己的进步而感到高兴，他们发现了自己的潜力，并不断锻炼自己各方面的能力。

人们都知道孩子喜欢吃糖果，我也是这样认为的，并且为了说服自己相信孩子不肯接受糖果是有原因的，我花了很长时间对这一现象进行研究。我随身带了些糖果，并把这些糖果送给学校的孩子，可是总是有一些孩子不肯接受，或者只是把它们放到衣服的口袋里。我猜想，也许这些孩子因为太穷，买不起糖果，所以他们想把糖果带回家，于是我对他们说："你们可以把我给你们的糖果带回家，但是这些是给你们吃的，你们现在就可以吃。"可是孩子们再次接过糖果放进口袋里。后来一个孩子生病了，他的老师去他家探望他时才发现，孩子对自己给的糖果竟然这么珍惜。这个孩子拿出一个小盒子，打开盖子，老师发现盒子里面装的都是自己发给这个孩子的糖果。这个孩子从里面挑了一块最大的递给老师，并谢谢老师来看他。还有一个孩子把老师发给自己的糖果存在盒子里好几星期也不肯吃掉它，这样的例子在我们学校有很多。

一些人在很多书中读到过这样的情况，于是他们特地到我们学校进行调查。我们把孩子的这种行为看成是孩子内在自发的和自然的发展。没有一个人会命令孩子像苦行僧一样禁止自己想要吃糖果的欲望，也没有人对孩子强调："孩子不应该玩耍，也不应该吃糖果。"孩子会在心灵得到升华时主动对这些没有用的、外在的乐趣进行拒绝。有一天，一个人把一些烤成几何形状的小甜点送给孩子们，可是孩子们并没有因为得到甜点而兴奋，反而对甜点的形状产生了兴趣，并指出："这个是圆形，这个是长方形。"

有一则幽默故事向我们描述了这样一个场景。一个贫穷人家的妈妈正在切黄油，她孩子则一直在旁边注视着她。人们都以为这个孩子想要吃东西，可是小孩却在看到妈妈拿起一片黄油时叫道："这是一个长方形。"当妈妈把这片黄油切下一个角再拿起来时，这个孩子又喊道："现在你手里的是一个三角形。"然后指着盘子里剩下的部分说："盘子里面有一个梯形。"自始至终，这个孩子都没有向妈妈提出要一些面包和黄油。

孩子的尊严

一天，我想给孩子上一堂有趣一点的课：教他们擤鼻涕的方法。我向他们示范了如何使用手帕，并告诉他们要怎么做才不会引起别人的注意。我用一种不容易被他们察觉到的方式拿出手帕，并尽可能用很轻的动作擤鼻子。我以为他们会笑，可是没想到他们只是静静地注视着我，没有一个人发出笑声。当我示范完这一动作后，他们突然热烈地鼓起掌来，我从来没有想过这么小的孩子能够拍出这么响的掌声。后来我明白了，也许我教给他们的正是他们极其需要了解的事情。

孩子经常会因为没有用正确的方式擤鼻子而遭到家长的指责，所以他们对这一行为特别的敏感。来自各方面的叫嚷和辱骂让孩子的自尊心很受伤。到了学校，家长和老师们让他们把手帕别在醒目的地方，以免弄丢，这更让他们感到难堪。我给他们上的这堂课不仅让他们学到了知识，还让他们得到了情感上的补偿。他们用掌声向我表达他们内心的感谢，并表达了他们能够取得新的社会地位的喜悦心情。

多年的经验让我明白了我对这件事的理解是正确的。我逐渐意识到，在孩子的心中有一种很强烈的自尊心。大多数成年人都没有意识到这一点，所以才令那么多的孩子受到了伤害，并遭受着压抑。在我给孩子上完课后，他们站在我的身后大声地喊着"谢谢"。当我要离开时，他们一直跟在我的身后，直到我让他们快点回去，他们才飞一般地跑了回去。

孩子会在参观者来到学校时表现得自尊、自重。他们知道应该用怎样的方式和态度对待这些访客，也知道应该用怎样的方式向访客们演示自己的工作。

曾有一位老师提前告诉我们，有一位重要的客人要到我们学校参观，并且他希望能够单独和孩子们相处，这样他就能够更好地对孩子进行观察。告诉我的这位老师显然是好心，希望我们能够事先有所准备，以免到时出现乱子。然而我只对那个老师说了句"顺其自然吧"。我告诉孩子们："有一位客人要在明天来看你们，我希望你们能够让他觉得你们是世界上最好的孩子。"后来我向那位老师询问访问的结果，她说："太成功了。孩子们表现得棒极了。一些孩子拿了椅子请客人坐，并很有礼貌地对客人说'请坐'，其他的孩子都主动向客人说'你好'。等客人要走时，孩子们一起向他喊'谢谢你来看我们，再见'。"我问这位老师："我说过不要特意安排孩子做什么事，顺其自然就好了，为什么你还要教他们这些事情呢？"她说："我什么都没有教他们啊。这些都是孩子们自愿做的。他们表现得比平时要好很多，所有事情都做得特别好，就连客人都感到非常惊讶。"

有时我对这位老师的话也有一丝怀疑，我始终认为她事先对孩子说了什么，或教孩子做了什么，于是我再次向她问起这件事。最后我终于相信，这些孩子都有着强烈的自尊心，他们懂得如何对客人表示尊重，并以能够向客人展示自己能做的事而感到自豪。在客人到达之前，我曾向孩子们表示希望他能给客人留下最好的印象，使客人感觉他们是世界上最好的孩子。但是使孩子这样做的原因绝对不是我的话。当我告诉他们有客人要来看他们的时候，这说明客人过不了多久就会出现在他们面前。这些孩子们充满了自信，他们对客人的到来感到开心。他们再也不会像过去一样，一看到陌生人就躲躲藏藏。现在的他们已经拥有了与环境相符的心灵，他们就像沐浴在阳光下的莲花一样美好而自然。最重要的是，他们成长道路上的障碍被清除了，他们再也不需要害怕，不需要躲藏了。他们能够迅速适应他们身边的环境，所以他们才能够在面对客人时镇定自若。

这些孩子机灵而活泼，我们能够从他们身上感受到他们的精神，这种精神能够让和他们接触过的人感到振奋。很多访问他们的人都是为了得到这种体验而来的，并且访问者从来都没有失望过。

我曾观察过这些来访者，并发现了一个很有趣的现象。所有来访问这些孩子的妇女都会穿着优雅的衣服，并佩戴着珠宝，似乎是去参加招待会一样。她们希望能够听到孩子天真的赞美，并看到孩子好奇的表情。孩子们会轻轻抚摸妇女们的衣服和双手。一次，一个女士正在服丧，一个孩子看到她后，轻轻地把头靠在了她的身旁，并握住了那位女士的手。后来，这位女士表示，没有一个人给她的安慰能够比这个孩子给予她的更多。

有一天，总理的女儿陪着阿根廷共和国大使到儿童之家参观。这位大使为了验证这里的孩子是否真的像传说中的那么具有自发性，不许随从提前通知这里的人。然而当他到达学校时才得知，当天是休息日，学校不上课。几个在院子里玩的孩子看到有人来访，就走上前对他解释："今天是休息日，学校不开门。不过不要紧，我们都在这幢楼里住，而且钥匙在门卫那里，我们可以去让他开门。"于是，一些孩子去找门卫开门，一些孩子把他们的小伙伴召集起来，每个人都在为迎接客人而忙碌着。孩子们的自发性让所有前来参观的人都感到惊奇，并为之赞叹不已。

这些孩子的妈妈们向我描述孩子们在家里的表现，并对此感到惊讶。她们说："如果这些三四岁的孩子不是我们自己的孩子，我一定会对他们说的话感到生气。你知道吗？他们竟然会告诉我们'你的手太脏，该洗了'或是'你应该把衣服上的脏东西洗掉'。不过能够听到自己的孩子这样说，我们不但没有感觉生气，反而有一种做梦般的感觉，好像是在梦里听到了他们对我们的告诫。"于是，这些贫穷的人也开始注意清洁了，他们收拾起随意摆放在窗台上的破水壶和破罐子，并把窗户擦得很亮，就连他们家的天竺葵也开得很灿烂了。

纪律

虽然孩子在活动的时候动作幅度比较大，但是从总体上来感觉，他们还是很有纪律性的。他们每个人都会安静地、专注地从事自己手上的工作。当他们起身去拿取另一件物品时，他们都会尽量不发出声音，也许他们会走出教室，向院子里张望一下，然后再回到教室里。他们能够准确无误并快速地按照老师的吩咐做。这位老师告诉我，看到孩子如此听从她的吩咐，她意识到自己必须要对说出的每一句话负责。

事实上，如果老师要求孩子进行之前提到的"安静练习"，孩子就会在她说完要求之前做出相应的动作，并一直保持不动的状态。直到老师说练习结束，他们才会继续活动。然而，这种表面上的服从不会对孩子的独立活动产生阻碍，也不会让孩子没有办法按照自己的喜好安排工作内容和顺序。孩子会自己选择用什么物品进行工作，他们会在使用结束后把物品放回原处，并把教室打扫干净。如果哪天老师来得晚了些，或者在中途有事情要离开，这些孩子也不会中断手中的工作。孩子会自觉地把秩序、纪律和自发性成功地结合在一起，这一现象是最令参观者着迷的。

孩子能够在十分安静的环境下表现出极好的纪律性，也能在老师要求他们做某些事情之前就把这些事情做好，这是为什么呢？是什么促使孩子们形成了这些美德？

孩子在工作的时候，教室里的气氛非常安静，这种安静的气氛打动了每一个人。没有人愿意打破这样的一种气氛，这种气氛是不可能通过外在的方法建立起来的。

书写和阅读

一天，有几位妈妈来找我。她们都没有接受过良好的教育，她们希望孩子不要像她们一样，所以以自己和其他家长的名义向我提出，请我教她们的孩子认字和写字。当时，我并不赞成她们的观点，因为在我的计划中并没有设这一项。但是她们一再地向我恳求，最终我只好答应了。

我在教这些孩子认字的过程中看到了奇迹。我让老师用硬纸板做了一些字母，其中有一些字母还是用砂纸做的。我把这些纸做的字母发给这些四五岁的孩子，并教他们识别。这样孩子们就可以一边用手指顺着纸字母的形状写，一边感受着字母的形状。我把这些字母放在一块大板子上，然后挑出一些形状相似的字母放在一起。这样，孩子们就可以用小手进行描摹的动作。这位老师很满意这种安排，认为不需要再为孩子多做什么了。可是我不理解的是，这些孩子表现得非常激动。他们把字母高高地举起来，好像举着一面小旗一样，然后他们站成一排，一边高喊着，一边列队绕圈行走。

有一天，我看到一个小男孩一边走，嘴里一边念着："sofia 这个词中有一个 s、一个 o、一个 f、一个 i 和一个 a。"我很惊讶地看他一遍又一遍地重复着。在这个孩子的脑子里，正进行着一项复杂的工作，即分析和研究这个词，从而找到是什么语音组成这个词的。他对这个词充满了兴趣，并希望能够有所发现。最后，他认识到每一个语音都和一个字母相对应着。事实也是如此。除了语言和符号之间的一一对应外，缀字拼音还能有什么呢？语音是靠讲出来的，而书写则是一种语音的表现符号。书面语和口头语的平行发展标志着书写的进步。书面语最初是被提炼出的口头语，这一过程就好像水滴最终汇成了大河一样。最后，人们随意发出的音节也构成了词语和句子。

书写对书面与口头表达的进步有着重要意义。书写能使手掌握一种重要的技能，这种技能和说话同样重要，并且也能够精确地表达出口头语言。可以说，书写是人类的第二种交流方式。

文字发展到一定程度就产生了书写，这是一个必然的过程。但是想要书写出正确的词语，手就必须能够把这些符号描摹出来。正常情况下，描摹这些字母的符号并不困难，因为它们只是一些特定语音的代表。可是孩子在学习书写之前却没有意识到这一点。

在第一所儿童之家里发生过的最伟大的事就是关于孩子学会书写的事。第一个学会写字的孩子用粉笔在地板上写出字后，兴奋而惊奇地喊着："我会写字了！我会写字了！"其他的孩子听到后马上围到这个孩子身边，看他写的字。然后这些孩子纷纷地嚷着"我也会，我也会！"并纷纷在地上、黑板上以及任何可以写字的地方写起来。每个孩子都在写字，没有任何力量能够让他们停下来。这些孩子回到家后，也不放过家里的任何一块空白的地方，他们把字写在门上、墙上，甚至是面包上，并为之感到兴奋。没人料想到这些仅有 4 岁大的孩子竟然具有如此强大的书写才能。而事实上，这些孩子在前一天下午3点的时候才刚刚开始学习写字。

　　这副场景让我们感到万分惊讶，我们看着这些孩子，就好像在看着一个奇迹。以前，我们曾收到过一些带有精美插画的书。我们以为孩子们看到书会很兴奋，可事实上，这些学会了写字的孩子对待这些图画书的态度并不如我们期待的一样。他们冷淡地接过我们递给他们的书，并没有对里面的图画产生兴趣。对于现在的他们而言，这些书只会让他们分心，影响他们练习写字。可能是因为我们以前没有给孩子看过书，所以，我一直希望能够让这些孩子对图书产生兴趣，可是他们根本弄不明白什么是阅读。所以我们只好先把书收起来，等到有利的时机到来后再拿给他们。孩子不认识字，所以他们不喜欢阅读别人写的东西。当他们听到我在大声地朗读这些字的时候，他们会用一种惊讶的表情看着我，似乎在想我是怎么知道上面写了什么的。

　　6个月后，这些孩子开始明白什么是阅读了。他们能够进步得这么快的原因在于，他们开始把阅读和写字结合在一起。当我在一张白纸上向他们示范怎样描摹字的时候，他们盯着我的手，并渐渐意识到我正在把我的思想表达出来。他们意识到这一点后，就拿过我写字的纸，躲到角落里阅读这些字。他们只是静静地读着我写的字，脸绷得紧紧的。然后，有的孩子的脸上出现了笑容，因为他能够明白我写的是什么意思了。他会高兴地跳起来，就像一只被压了很久的弹簧突然失去了上面的阻力一样。我把每一个我曾用口头表达过的命令写在纸上，比如"打开窗子"，"到我面前来"，等等，然后让孩子们进行阅读。这是他们阅读的开始。后来，他们能够阅读一些较长的句子了，但对他们而言，书写只是另一种表达自己想法的方式，这种方式和讲话一样，都能使人和人之间进行直接交流。

孩子们不再在参观者到来时喋喋不休，而是安静地坐在椅子上。他们会把"请坐"、"谢谢你们来访"等话语写在前面的黑板上。

有一天，我们正在谈论西西里岛发生的巨大灾难。那真是很悲惨的事情，整个墨西哥城被地震摧毁了，数千人在这场灾难中丧生。听到这里，一个大约5岁的孩子走到黑板前，在黑板上写道："我感到很遗憾……"我们希望他会对这场灾难表示悲哀，然而他继续在黑板上写着："我很遗憾我只是个孩子，如果说我是个成年人，我就能够去帮助他们了。"这个孩子的妈妈是靠卖草药支撑家庭的，在他的家里，应该没有人能够对他进行特别的指导。然而此时我们发现，这个孩子已经能够写出一篇简单的文章了，并且我们能从他的文章中看出他内心的善良。

还有一件事更令我感到惊讶。那时，我们为了使孩子在阅读上更进一步，准备教他们一些罗马字母。当我们正在准备教学材料时，我们发现这些孩子竟然已经开始阅读所有印刷字母了。只是有一些字母他们仍然很难识别，因为那些是用哥特体印刷的。同时，这些孩子的爸爸妈妈向我反映，每当他们带着孩子上街时，就会遇到很多麻烦，因为他们的孩子只要看到路边有印有字母的东西就会停下来看，不管是商店的招牌，还是店门上贴的海报。这些孩子会认真地阅读那些他们认识的字母。显然，把孩子吸引住的并不是文字，而是字母。孩子会在看到不同书写时根据字的含义进行阅读。这种过程是一种直觉的过程，就像成年人会对岩石上的文字进行辨认一样。孩子能够发现这些符号中的含义，证明他们已经能够辨认这些文字了。

如果我们匆忙地让孩子学习印刷体的字母，那么他们就会对周围的文字失去兴趣。当我们要求他们通过阅读书本来识别文字时，他们的心里也会产生一种消极的情绪。所以，我们不应该一味地追求这些不重要的东西，以免压抑孩子们活跃的思维和求知的心灵。我把那些书保存在了柜子里，直到后来才让他们接触。

孩子们开始接触书的时候，发生了一个有趣的小插曲。一天，一个孩子来到学校，手里握着一张皱巴巴的纸。他悄悄地对身边的孩子说："你能猜到这张纸上有什么东西吗？""一张破纸，能有什么？""告诉你吧，这上面有一个故事。""纸上有一个故事？"其他孩子听到他们的对话都凑上前来，要求他把故事讲给大家听，于是这个孩子展开手中的纸，给大家读了起来。这个孩子读的不过是从废纸堆里捡到的一张书页，然而却让孩子们开始意识到书的意义，他们开始对书有了迫切的渴望。然而这也带来了不少的麻烦，因为他们会在看到书中有他们喜欢的内容时把书页撕下来带走。于是我们的书就这样惨遭破坏了。

孩子们发现了书的价值，这是一件好事，可是破坏书籍却是不好的行为。学校没有了往日的安宁，也没有了严谨的秩序，所以我们必须阻止孩子的这种行为。这也说明了一件事，孩子虽然还没有学会阅读书籍和尊重书籍，但他们已经在我们的帮助下学会了如何正确地拼写单词和句子。他们能够做得很好，甚至和一些文法学校三年级的孩子一样好。

对孩子身体的影响

我们并没有在这一时间里做任何改善孩子身体状况的事，但是从孩子们红扑扑的脸上，我们不难看出这些孩子充满活力和生机。谁也想不到，这些孩子在来到这里之前还被营养不良和贫血侵袭。他们曾经对食物、营养和医疗有着迫切的渴望，而现在，他们都健康地站在我们面前，新鲜的空气和充足的阳光塑造了他们健康的体魄。

确实如此。如果说心理压力会对人体的新陈代谢产生不良影响，并会使一个人的活力降低，那么只要让这个人接受激励的心理体验，他的新陈代谢就会加速，身体也会变得更加健康。在对孩子们做的工作中，我们证明了这一点。现在，这个真理已经普遍被人们接受了。

在当时，我们的经验在社会中引起了轰动，一时间涌现了许多对这些孩子的报道。人们把他们的表现称为奇迹，并广为传诵。人们谈论着这些孩子的事，谈论着对人类心灵的发现。一些出版界的人士以他们的故事为体裁写了书和小说，其中包括英国出版的《新儿童》。虽然作者们在写作时没有用任何夸张的手法，只是按照事实把情形描述出来，但人们在阅读这些书籍时，还是有仿佛置身于童话世界一样的感觉。于是很多人，特别是美国人都特意来我们学校参观，以确定他们读到的报道和书籍中写的都是真的。

Part 20
教育孩子的方法

我们对一些事情和感想进行了简单的描述，可是除此之外，还有一个问题非常值得我们重视，那就是为了得到这样的结果，我们应该用什么方法呢？

我们没有看到具体的方法，我们只看到了孩子。我们能够看到孩子的心灵不再受到束缚，它们能够按照孩子的本性发挥作用。我们作为例子举出的那些儿童时期的特征就像花是芬芳的、鸟是自由的一样，完全符合孩子的生活。没有一种教育方法能够产生这样的结果，很明显教育可以保护和培育孩子，并影响他们的自然特性，从而使孩子健康地成长。

我们可以把对孩子的教育过程比喻成培育新品种花卉的过程。园艺家能够对花进行适宜的照管和处理，改变花的香味、色彩和其他自然特性。

孩子天赋的心理特征没有植物的生理特征那么明显，但是在儿童之家，我们还是能够观察到一些。孩子拥有多变的心理世界，如果他们所处的环境不适宜他们的成长，他们的这些自然表现就会渐渐被其他东西所代替。所以，我们必须先为孩子们创造一个适宜的环境，然后再为他们设计相应的教育体系，只有这样，他们的天赋才能够得到发展。我们要把孩子发展过程中的障碍清除掉，所有未来教育的基础和出发点就在于此。

所以，我们的首要任务是发现孩子真正的本性，然后才是帮助他们正常发展。

如果我们对那些偶然引起孩子天性正常发展的原因进行仔细思考，我们就会发现一些特别重要的条件。第一个条件是让孩子拥有一个愉快的环境，在这个环境中，他们拥有完全属于自己的东西，如小桌子、小椅子等。为孩子们特制的东西和阳光照耀下的草坪都能够吸引那些来自不幸家庭的贫困孩子。第二个有利条件是成年人的中立态度。这些孩子的爸爸妈妈没有受过文化教育，他们的老师也是一名普通的劳动妇女，这样有利于平和理智的形成。

人们很早就意识到老师应该保持平和，但是人们却把这种平和当成是一种性格，即不神经质。但事实上，我们说的平和是指一种更深沉的平静。老师应该处于一种空白的无阻碍状态，这样内心才能够清晰，才能理解孩子。构成这种平和需要谦虚的心灵和纯洁的理智。

更重要的条件是，我们要给孩子提供一些能够让他们用来工作，并完善感知的特殊物品。孩子会被这些物品所吸引，并运用它们发挥自身的分析能力和运动能力。这些物品还能让孩子学会如何聚精会神，这是任何一种言语的说教都做不到的。

由此可见，孩子需要的是一个适宜的环境、一位谦虚和善的老师和一些能够促进他们能力发挥的特殊物品。

我们现在能够就孩子对外界影响的反应方式进行描述了。其中，一些需要手脑并用的活动使我们特别惊讶。这些需要手脑并用的活动能够让孩子的天赋得到开发，还能让孩子内心深处的心理活动渐渐成形。这样，孩子的真正的特性才能被展现出来。当一个孩子不知疲倦地从事一件事时，他正在进行着心理的新陈代谢，并能够在这种新陈代谢中成长。他会热情地响应各种测试，比如，"安静练习"、"重复练习"、"自由选择"等。一些能给人荣誉和正义感的课程更会令他着迷。他对学会使用那些能促使他心智发展的东西有着非常热切的渴望，对糖果、玩具之类的东西则失去了兴趣。他还会对秩序和纪律表现出热切的需要。不过，他仍然是个生机勃勃、可爱、单纯的孩子。他会把快乐展现在大家面前，也会四处奔跑和大叫。他会对所有帮助过他的人表示感谢，也会友善地对待所有人，并努力使自己适应周围的一切。

我们也可以将这个孩子喜欢的事和自发的表现用列表的方式统计出来。同时也可以把他讨厌的事写在一边，看一下他会觉得做什么事是浪费时间。

他喜欢的事有：重复练习、自由选择、控制错误、分解运动、良好的社交行为规范、有秩序的环境、保持个人清洁、感官训练、不以阅读为基础的书写、先阅读然后书写、不用书本阅读和自由活动中的纪律。

他不喜欢的事有：奖励、惩罚、教单词拼写的课本、大家一起上的课、教学大纲、考试、玩具、糖果和讲台。

从上面的列表中，我们能够发现一个教育体系的轮廓，这个轮廓可以被我们作为建立教育体系的规范。这个规范更实际、更积极，它是由孩子自己提出来的，并且已经在现实生活中得到了检验。孩子天生的活力能够防止错误的发生，所以我们可以根据这一原则建立一个教育体系。

下面我们要详细地阐述一下我们的教育体系，它的作用相当于一个脊椎动物的胚胎。胚胎中有一条不太清晰的线，这条线在未来会发育成脊椎。线的内部有一些点，它们会在未来发育成互不相连的椎骨。在我们的教育体系中也有一条主线，此外，还有一些可以作为标志的特征，它们也会像椎骨一样渐渐发展成形。胚胎可以分为头、胸、腹三部分，我们的教育体系则可以分为三个不同领域，这三个领域分别由环境、老师和孩子所使用的各种物品组成。

如果我们对这一原始轮廓的演变进行追踪，我们会发现一个很有趣的现象，在这一过程中，最初的洞察会渐渐发展成为一个对人类社会有重大意义的理念。我们可以把这种不断发展的特殊的教育方法称为进化。因为其中不断有新的东西加入，而提供这些新的东西的生命又会随着环境的发展而发展。环境本身就是一种特殊的东西，虽然环境是由我们提供给孩子的，但它应该以孩子的需要为主，尽可能地积极、充满活力。

这个教育体系很快被所有民族和社会阶层所接受，并被应用于各个国家地区对孩子的教育中。这也为我们提供了丰富的实验资料。在这些实例中，我们看到了儿童教育的共同特征和普遍趋势，从而掌握了儿童教育的自然规律。

第一批从儿童之家发展起来的学校将这一做法保留了下来，即不管采取什么规范，都要根据孩子的自发反应进行判断。

我们的第一批儿童之家创建在罗马，在这些儿童之家中，有一所略显不同，它是为了照料那些在墨西哥地震中幸存的孤儿而建立的。在这所儿童之家里，我们发现了孩子自发性的惊人例证。这所儿童之家中大约有60个孩子，当人们在废墟周围发现他们的时候，这些孩子都对自己的姓名或社会地位一无所知。经历过这么可怕的一场地震，这些孩子都变得抑郁、沉默、冷淡。他们几乎没有办法吃东西，也没有办法睡觉。人们每天晚上都能听见这些孩子的叫喊声和哭声。

意大利的皇后得知这一情况后很难过，她非常同情这些孩子，并极力地为他们提供他们需要的生活环境和生活物品。皇后为这些孩子们提供了一个新家，在这个新家里，有适合孩子使用的家具，如带门的小橱柜、漂亮的小圆桌、略高的长方形桌子、凳子和扶手椅。窗子上挂的窗帘有着鲜艳的色彩，孩子使用的刀、叉、匙、盘等也刚好能让他们一只手拿起。墙上挂着一些美丽的图画，教室四周的花瓶插满了鲜花。这个儿童之家建立在一个美丽的修道院里，院子里有金鱼池塘、花圃，还有宽阔的过道。孩子们每天都能看到庄严的修女们穿着灰色长袍，戴着长头巾走来走去。

修女们对孩子们进行了礼仪方面的培训，告诉他们怎样举止才算得当。这家修道院中有很多修女出身于贵族家庭，于是孩子们也有机会接触到很多上流社会的行为方式。面对这群求知欲极强的孩子，修女们毫无保留地把自己所知道的都教给了他们。孩子们不但规范了自己的举止，还学会了像王子一样用餐，像艺术家一样布置餐桌。虽然这些事情并不能增加他们的食欲，但是他们却很快乐，因为他们得到了新的知识，并能够将这些知识运用在生活中和各种活动中。渐渐地，这些孩子恢复了食欲，也能够在夜间安稳地入睡了。他们能够轻松地跑跳、搬运东西。在搬运东西的过程中，他们没有相互碰撞，也没有损坏东西。他们的脸上每天都洋溢着喜悦和幸福的神情。看到这些孩子身上发生的奇迹般的变化，人们都感到欣慰。

当时，有一位意大利最著名的作家这样评价这些孩子："我在他们身上感受到了皈依宗教的人的气息。没有什么皈依能比这种皈依更神奇了。因为这种皈依能够让人从悲伤和沮丧中脱离出来，能使人上升到一种更高的境界中。"这是有史以来，第一次有人用"皈依"这个词来描述孩子。

虽然这种说法听起来有些矛盾，但是，很多人都对这一概念产生了深刻的印象。人们很难把天真活泼的孩子和皈依这个词联系在一起。然而，这个词向我们强调了一种精神特征，这一精神特征对所有人来说都是一目了然、非同寻常的。这些孩子经历了一次精神上的复苏，他们不再悲哀和放任，重拾了欢乐。

我们说，这些孩子真的皈依了。他们从极度的悲伤中走了出来，变得幸福和开朗。他们的一些根深蒂固的缺点也不见了。但皈依所表明的比这些还要多，一些被人们重视的东西，如今已变得不再重要。这些孩子向人们表明了，人们过去做的是错误的，这些做法必须被更正。这看起来真让人不可思议。这种更新是从人的创造力中产生的。如果我们学校里的这些来自绝望边缘的孩子没有把这一点表现出来，我们就很难区分清楚哪些是孩子真正的优点，哪些是孩子真正的缺点。因为成年人的心里常常有一种先入为主的观点。过去，成年人把孩子是否能够适应成年人所生存的环境作为判断一个孩子是否优秀的标准，这种错误的观念掩盖住了孩子的本性。现在，成年人不再以自己为标准判断一个孩子是否优秀，也不再从自己的角度思考什么东西最有利于孩子的成长和发展了。

Part 21
娇生惯养的孩子

之前我举的例子多是关于贫困家庭中的孩子的,还有一类孩子,他们是富贵人家的孩子,从小就拥有优越的家境和物质生活。人们通常会认为,相比于那些贫穷的孩子和地震中幸存下来的孩子,这些富人家的孩子更容易被教育。然而,事实又是怎样的呢?这些富人家的孩子又是如何皈依的呢?这些富人家的孩子可以每天享受优越的物质生活,他们的家庭为他们提供了这样的便利条件,于是他们也乐于享受这些东西。欧洲和美国的老师们向我讲述了他们在对这些孩子进行教育时遇到的各种困难和他们的感受。

最初,这些富人家的孩子对我们的教育观念产生了排斥和抵制。他们对花园中的小路、鲜艳的花朵和高雅的环境没有丝毫兴趣。在这些孩子眼中,那些让贫穷的孩子着迷的东西不过是普普通通的东西而已,他们也不会选择那些原本应该能够让他们的需要得到满足的东西。这一现象让他们的老师感到很失望。

同样的东西摆在那里，如果被贫穷的孩子看到，他们会迫不及待地跑上前，拿起这些东西玩起来。可是这些富人家的孩子随时都能玩到精致的玩具，所以他们对老师提供给他们的东西不屑一顾，也不会根据这些刺激做出反应。在美国华盛顿任教的 G 小姐曾写信给我，在信中，她向我描述了她教的那些富有人家的孩子在课堂上是如何表现的。

G 小姐在信里写道："这些孩子完全不听我的指挥。他们相互抢着对方手里的东西。如果我把某一样东西拿给其中的一个孩子，其他的孩子就会马上扔掉自己手里的东西，然后把我团团围住，并吵嚷着。每当我讲解完一件东西，他们就会争着要这样东西，而对其他东西看都不看一眼。这些孩子并没有对种类繁多的感官材料产生真正的兴趣，他们会拿起一个玩一会儿，然后扔下，再拿起另一个。他们不会对任何一样东西过多地留恋，也不会在同一个地方待得久一些。有些东西，他们拿起来摸都没摸两下就扔掉了。大多数情况下，这些孩子只会漫无目的地满屋子乱跑，他们根本不会考虑自己这样做是否会对周围的东西造成损害。他们在跑的时候常常把桌子和椅子撞翻，并从我们提供给他们的东西上踩过去。有的时候，他们会在某一个地方工作一会儿，然后没过一会儿就跑开了。随后他们拿起另外一样东西，同样，没有过多久就又扔掉了。"

巴黎的 D 小姐在信中这样写道："我不得不说，我的经验真让人感到沮丧，因为这些孩子从来不会在同一件事情上投入长时间的精力。他们每做一件事只能持续几分钟，然后就马上终止了，不管有没有结果。他们就像草原上的羊一样，总是互相追逐奔跑着。如果一个孩子拿起了一件东西,其他孩子就也会要这件东西。有时他们甚至在地上肆无忌惮地疯闹,根本不管是否会弄翻旁边的椅子。"

来自罗马一所招收富家子弟的学校的描述则更为简短,但描述的情况却如出一辙:"我们最关心的是纪律问题,可是这些孩子完全不接受我们的指导,只知道在工作的时候乱搞一通。"

但是过了一段时间,我再次接到上面几所学校的信件时,他们则向我汇报了一些好消息。

首先是华盛顿的 G 小姐,她告诉我,这些不守纪律的孩子在几天之后开始有了变化。"几天后,这些像旋转微粒组成的星云一般的孩子开始有了固定的形状。看起来,他们好像在自己指导自己。一开始,他们认为我们给他们提供的东西过于傻气和无聊,而现在,他们开始对这些东西产生了兴趣。在这种兴趣的影响下,他们开始独立进行行动。如果一个孩子被一个东西吸引住了,他就不会再将注意力分散到其他东西上。这些孩子不再为一件东西争抢不休,而是能够开始各自寻找自己感兴趣的东西了。"

"当一个孩子终于能够清楚自己对什么东西感兴趣,以及自己需要什么东西时,我们的心情就像赢得了一场战役一样兴奋。有时,孩子们会没有任何预兆地突然对某一件事或某一样东西产生强烈的兴趣。我曾试图激发一个孩子的兴趣,于是给他看了学校所有的东西,可是他似乎对哪一样都没有兴趣。但是有一次,我把两种不同的颜色给他看,他突然把手伸过来,好像他一直在等待着这些东西的出现。这个孩子在一堂课的时间里认识了 5 种颜色。在接下来的几天里,他开始渐渐地对之前他不感兴趣的东西产生了兴趣。"

"有一个孩子，一开始只能在短时间内持续对一件东西感兴趣，但是有一次，他对一个叫'长度'的东西产生了兴趣，这件东西在他摆弄过的所有东西中算得上是最复杂的一件。之后，他不再出现那种紊乱的状态了。整整一个星期内，他都在摆弄这个东西，并学会了数数和进行简单的加法。之后，他又开始玩一些稍微简单的东西，并开始对这个教育体系里的所有东西都产生了兴趣。"

"孩子一旦能够发现某种让自己产生兴趣的东西，就会从那种不稳定的状态中脱离出来，并学会全神贯注地做一件事情。"G小姐做了一个描述："有一对姐妹，姐姐5岁，妹妹3岁，妹妹没有自己的个性，什么都希望和姐姐一样，不仅是做事上，就连用的东西也要和姐姐一样，只要姐姐有，她也要有。如果姐姐有一支蓝色的铅笔而妹妹没有，妹妹就会生气，直到她也有一支和姐姐一样的铅笔为止。如果姐姐吃的是黄油面包，妹妹就会也要求吃黄油面包，除此之外，什么都不肯吃。还发生过很多类似的事，在学校，妹妹对什么都不感兴趣，她唯一喜欢做的事就是跟在姐姐的身后，姐姐走到哪里，她就跟到哪里，姐姐做什么，她就模仿着做什么。直到有一天，妹妹突然对一些红色的立方体产生了兴趣，并用这些立方体搭了一个城堡。她不断地重复着这项工作，完全不记得要跟着姐姐做事情。她的姐姐感到好奇，便问她为什么在自己填圆圈的时候搭城堡。从这天开始，妹妹有了自己的个性，并按照自己的个性开始了发展，再也不是姐姐的翻版了。"

D小姐向我讲了一个4岁小女孩的故事。这个女孩每次端起水杯时都会把里面的水洒出来,不管是一杯水还是半杯水,她都没有办法不把水弄洒。于是,她努力地一次又一次地练习着这件事情。可是有一次,她完成了一项她很感兴趣的练习,从这以后,她便能够轻而易举地把杯子端起来,而不把水弄洒了,并且能够同时拿起好几杯水。有时,她还能够把水送给正在画水彩画的同学,而不洒出一滴水。

有一位美国老师给我们讲的故事更加有趣。在她的学校里有一个不会讲话的小女孩,她只能发出一些模糊的声音,这让她的爸爸妈妈感到十分着急。她的爸爸妈妈甚至以为她在智力方面出了什么问题而带她去医院检查。有一天,她突然对固体的镶嵌物产生了兴趣,于是便把那些木制的圆柱从插着的孔里拉出来,然后又把它们放了回去。这件事花了她很多时间,也费了她很大力气,但是她明显感到很高兴,并一遍又一遍地重复着这件事。最后,她兴高采烈地跑到老师面前对老师说:"快来看。"她竟然能够说话了。

D小姐在后来给我们的来信中描述了这样的情形:"这个班在圣诞节过后就发生了非常大的变化。我感觉我并没有做什么,而这些孩子就自己建立起了秩序。他们再也不会漫无目地疯闹或奔跑,而是能够完全投入地进行自己的工作。他们能够主动地把柜子中的物品拿出来,虽然他们以前是那么讨厌这些东西。在班里,一种工作的氛围已经形成了,孩子们不再凭着一时的冲动去抢夺别人手里的东西,他们会按照自己的需要选择,然后对自己进行内在的训练。他们会在做一些艰难任务的时候高度集中精神,并从克服困难的过程中感受到了愉快。这些努力直接影响到了他们的性格,并使他们成为了自己的主人。"

D小姐说，有一个例子让她印象非常深刻。有一个4岁半的小孩具有异常丰富的想象力，他总会把老师给他的每一件物品想象成和他自己一样的人，而不是单纯地对物品的形态进行观察。他会不停地说话，而无法把注意力集中在这件物品上。他的思想总是游移不定，结果他的行动也没有办法变得灵敏，甚至连系扣子这样的小事都做不好。可是有一天，我们发现他有了很大的变化，似乎有一种特殊的力量降临在了他的身上，使他能够安静下来，一项一项地进行练习。

在我们制定出固定和明确的方法之前，那些老师们已经进行过了无数次类似的试验，并从中得到了基本相同的经验。在生活中，虽然优越的物质生活能够让孩子无忧无虑地生活，但它也可能导致孩子出现精神上的贫瘠。基督曾说："赐福给那些精神贫乏的人和悲伤的人。"正是因为这个原因，这句话才在人们心中扎下了根。但是那些能够真正得到这种赐福的人，却只有那些听到了召唤，并努力克服了困难的人。

皈依是孩子特有的一种现象，产生皈依的原因大致相同，并且会在极短的时间内使人产生变化。从上面的例子中我们能够发现，所有和孩子皈依有关的例子都是由于孩子开始专注地做一项有趣的工作。其他的皈依也是这样产生的。神经质的孩子变得平静，感到压抑的孩子重新充满了活力，所有的人都在从事这种有序的工作的过程中得到了进步，并且他们内心的潜能也得到了发挥和提高。

这些已经取得的成绩都有着爆发式的特点，它们预示了孩子的未来，其意义就和孩子长出了第一颗牙齿或迈出了第一步的意义同等重要。孩子长出第一颗牙齿后，其他的牙齿也会紧随着出现。孩子迈出第一步后，他们就会渐渐学会走路。

孩子的皈依具有普遍性，这一点从我们学校在全世界的普及中就能看出来。孩子不再幼稚，他们具备了其他的特点。如果我们在培育孩子的过程中犯了错，哪怕只是很小的一个错误，也可能成为孩子长大成人后，精神生活出轨的根源。

孩子的正常化

我们需要对孩子皈依过程中的一种心理治疗方法特别注意，即让孩子回归到正常的状态中。实际上，正常的孩子会拥有早熟的心智，他们懂得如何克制自我、如何平静地生活，他们情愿有秩序地进行工作，而不愿意整天无所事事。如果我们能够用这种眼光去看孩子，我们就应该把皈依称为孩子的"正常化"。人的自身中隐藏着人的本性，这种本性从我们还是胎儿的时候就已经存在了。我们必须承认这种本性，并顺其自然地发展。

但是这种解释和孩子皈依的现象之间并不存在矛盾。成年人或许也能够以相同的方式皈依，只是这种转变的过程会非常漫长，也会非常困难。所以，我们不能把它简单地当成人类本性回归的表现。

孩子正常的心理特点很容易就能发展成熟，到那时，他们就不会再有不正常的特点。就好像一个人的身体恢复了健康，我们也就不能在他身上看到任何病兆了。如果我们也能用同样的观点来看待孩子，那我们就能对孩子的发展有一个更深刻的认识，即正常化也能够在不良环境中自发地展现出来。虽然人们对孩子的正常化还没有产生过认识，也没有为孩子提供过帮助，但是这种正常化仍然会时刻充满活力地出现，仍能越过重重障碍，最后满足它的要求。

我们甚至可以这样说，这种使孩子正常化的力量对我们也是有帮助的，它教会了我们宽容。这种力量就像基督不只7次"甚至是70次"地教导我们要宽容一样。虽然成年人一直压抑孩子，可是孩子却不断地原谅着成年人，这是他们的本性。他们努力使自己健康成长，并时刻和阻止自己正常发展的力量斗争着。

Part 22
老师的心理准备

如果一位老师认为只靠自己的研究就能够做好教学的准备，那么他就大错特错了，只有教育理论知识是远远不够的。在我们对老师提出的要求中，排在首位的就是要求他们正确地处理好自己的工作。

作为一名老师，用什么方法观察孩子是极其重要的。我们一直强调，老师必须系统地对自我展开研究，从"心"做好准备，这样才能摆脱那些会妨碍老师与学生之间关系的、根深蒂固的缺点。我们需要在一种特殊的引导下发现这些存在于潜意识中的弱点。我们必须从一个客观的角度来看待我们自己。也就是说，老师必须得到一种引导。从一开始就对自己的缺点及坏脾气进行研究，而不是只对"孩子的脾气"等进行研究，不应该总是想要纠正孩子的错误。老师想要清除孩子眼中的尘埃，就要首先把自己眼中的沙子清除掉。

老师内心的准备并不等同于宗教信徒所追求的"尽善尽美"。我们并不是要求一位老师必须没有过失和弱点，事实上，过于追求内心完美的人或许反而不容易注意到那些阻碍自己和孩子沟通的弱点。我们必须受到教育，乐于接受指导，这样才能成为一名合格的老师。

就好像医生会把病人的病情如实相告一样，我们也应该将会阻碍老师们未来工作的缺点指出来。比如，让他们知道发怒是一种大错，它会使我们无法对孩子进行正确的理解，并对我们产生制约。一个错误往往会和一系列的错误相关联，发怒还会使我们产生一种隐藏在友善的伪装下的傲慢。

我们可以分别从内部和外部两方面来克服我们的坏脾气。内在的方法是与我们已知的缺点进行斗争，外在的方法是控制我们的坏脾气的外在表现。让我们的外在表现与公认的标准相符是很重要的，因为这能促进我们反省，从而意识到自己存在哪些缺点。一个人如果能够尊重邻居的意见，他就能征服傲慢；如果他生活的环境经过整治，他就能够减少贪婪的欲望；如果周围的人都对他表现出强烈的反应，他就能够制止发怒；如果为了生存而出去工作，他的心里就不会有太多的偏见；社会习俗对于制止散漫行为十分有效；如果一个人不能拥有太多奢侈品，他就能够减少挥霍；当一个人内心尊严得到满足时，他就不会忌妒。这些外界因素都会对我们内心的生活产生持续和有益的影响，社会关系也会对维护我们的道德平衡起到很大帮助。

我们在服从社会压力时，自然不能像服从上帝旨意一样心甘情愿。虽然我们对我们的错误已经产生了认识，并清楚我们必须改正这些错误，但我们的心中还会有一些杂念。当别人纠正我们的时候，我们会产生一种羞耻心，这种情绪会使我们不那么容易接受外界的指正。一些时候，我们宁肯犯错，也不肯承认自己的错。当我们必须改正这些错误的时候，我们就会为了挽回面子而寻找借口，或用一个小小的谎言向人解释不得不选择这样做的原因。在生活中有很多这样的例子，比如，我们得不到自己想要的东西，就会说自己根本不想要这件东西。每个人面对外界压力时，都会做出这样的本能反应。我们没有从内心进行自我的完善，反而继续着这样的斗争。其实，这种斗争和我们所做的其他斗争是一样的，我们很快就会发现，我们不但需要为之付出大量的努力，还需要有人向我们提供帮助。具有同样弱点的人会出于本能帮助彼此，并联合起来，以便拥有更强大的力量。

我们在掩盖自己缺点的时候，往往会用崇高的和不可推卸的责任做借口。就像战争时期，人们总是把进攻性的武器描述成和平的手段一样。我们越不严格对待自己的缺点，就越会为自己找到借口。

当我们犯了过错，并遭到别人的批评时，我们会自然而然地为自己辩解。但事实上，我们在保护的并不是我们自己，而是我们犯下的错误。我们把错误用所谓的"美"、"必不可少"、"共同的善"等词汇伪装起来。渐渐地，我们让自己以为那些谬误的东西都是这世上的真理。这种错误持续的时间越长，就越难被纠正。

老师以及所有与孩子的成长密切相关的人都应该努力逃出这个错误的圈子，因为这种错误会对他们的身份造成伤害。他们应该努力使自己从傲慢和发怒的缺点中走出来，并用正确的眼光看待这些缺点。发怒是主要的缺点，但傲慢把它掩护了起来。傲慢会使人产生一种虚假的"尊严"，甚至还会要求人们对这种"尊严"表示尊重。但是发怒是罪恶的一种，它很快就会受到周围人的抑制。态度谨慎的人不易发怒，所以，一个人如果能够成功地使自己谦逊，他就不会任由自己的怒气胡来。

可是，这一情况在我们和孩子打交道时就变得不一样了。孩子不能从理性的角度去对他们受到的待遇是否公正而进行判断，但他们能够感到有些事情和他们希望的不一样，并因此产生抑郁情绪，甚至是心理扭曲。孩子对成年人产生了怨恨，他们不喜欢那些行事轻率的成年人，所以他们会用一些特殊的行为进行反抗，如说谎、怯懦、出格的行为、看不出明显理由的哭闹、失眠和过度的惊恐，因为孩子没有办法对抑郁的原因进行理性的思考。

发怒在一开始会以某种程度的暴力行为表现出来。由于这种暴力的表现方式比较巧妙，所以往往不被人当成是暴力。成年人对孩子的抵抗感到恼火，于是就会发怒，这种形式十分简单，但过不了多久，它就会和傲慢结合起来，发展成为不许孩子实现内心愿望的专制。

专制是与商议相互排斥的。施行专制的人能够受到认可的权威的保护，并凭借着这种天生就被认可的权威来对孩子进行统治。这种权威就像一堵又高又坚固的城墙，保护着墙里的人。如果说在早期社会中，暴君就是世界的统治者，其地位不可动摇，其统治不可侵犯，那么相对于孩子，成年人就是这个世界里的暴君。成年人不允许自己的权威受到来自于孩子的侵犯，于是孩子只能够保持沉默，服从成年人的意愿，并努力使自己适应周围的一切。

如果孩子的确表现出了某种抵抗，那么这种抵抗并不是针对成年人而产生的抵抗，而是一种在压制下产生的无意识的反应。他们并不想与成年人发生直接的冲突，他们只想保护自己心灵的完整。孩子只有在进一步成长后才能学会如何用直接的方式对这种专制进行反抗。但到了那时，成年人也学会了更巧妙的征服孩子的方法，并能够让孩子觉得这一切都是为了他们好。

虽然尊敬长者是孩子们应该做的，但是成年人却并没有做出值得孩子尊重的行为。成年人认为自己对孩子的侵犯是一种正当行为，并把这当成自己的权利。成年人把孩子的反抗当成是危险并无法容忍的行为，自己却不失时机地对孩子的需要进行压制。

成年人对孩子采用的方式和古代的暴君没有什么不同。古代的暴君会不容争辩地从臣民手中抢过不属于自己的东西，而成年人则用同样的方式剥夺了孩子内心的需要。臣民们相信自己的一切都是君王赐给他们的，而孩子则相信自己拥有的一切都是大人为他们提供的。可是难道这样成年人就不需要负责了吗？成年人以为自己就是造物主，所以一切与孩子有关的事情都应该在自己的掌握之下。成年人为了保持自己的完美形象，从不承认自己对孩子做了过分的事，反而认为是自己让孩子变得善良、聪明、虔诚。让孩子能接触到环境、人、上帝。成年人的行为和暴君从不承认自己折磨过那些可怜的臣民的行为有什么区别吗？

想要依据我们的教育体系成为一名老师的人必须要学会自我反省，摒弃内心的专制，并把内心的傲慢和愤怒去除掉。此外，他还必须学会谦虚和宽容。这些都是成为一名老师所必需的美德。只有做好这些心理准备，他的心才能够变得平和沉静。

另一方面，我们也不应该对孩子的所作所为无动于衷，不做任何评价，或者必须对他们做的每一件事表示赞成，甚至不在乎他们的心理和情感是如何发展的。相反，老师应该永远把教育这一使命牢记在心。我们必须要做到谦虚平和，并摒弃内心深处的偏见。对于那些有助于教学的品质，我们不应该压制，但是对于那些成年人特有的、会对我们理解孩子造成阻碍的思想，我们必须抑制。

Part 23
偏离正轨的孩子

我们从经验中发现，正常化会让孩子那些幼稚的品质渐渐消失。这其中不但包括邋遢、叛逆、懒散、贪婪、好争吵、自我中心和不稳定，还包括所谓的"创造性想象"、对故事的喜好、对他人的依恋以及顺从等。除了这些，还有一些从科学角度看，一直被认为是孩子特有的品质如模仿、好奇、自相矛盾和注意力不集中。我们从这些幼稚品质的消失上看出，人们对孩子的真正本性还不够了解。这一事实具有惊人的普遍性，但由于在很久以前，人们已经对人的双重本性有所认识，所以这也不能被称为全新的发现。人的第一种本性是天生就有的，第二种本性则由于人类违背了上帝的法则，也就是我们常说的原罪而产生的。人类由于堕落而不能获得早期上帝对我们的赐福，于是就会受到环境和自己幻觉的支配。这种原罪说对我们理解孩子身上发生的事情很有帮助。

一个人会误入歧途，有可能只是受到一个微不足道的东西的吸引。这种东西伪装成爱和帮助，绕过了人们的防备，并在人群中不断扩散开来。

事实上，正是由于成年人的盲目，才使这种情况越来越严重。这种在无意识中形成的自我中心对孩子造成的影响是非常恶劣的。但是，孩子也在一刻不停地进行着自我更新，他们会按照一个没有被破坏的自身计划进行正常发展。

孩子能够恢复到正常、自然的状态中，这与一个特殊的因素有着密切联系。这个因素就是孩子能够专注地从事某些特殊的体力活动，这些体力活动能够使他们与现实环境相接触。也许我们可以做出这样的一个结论：只有一个根源能够导致孩子偏离正轨，那就是他们成长时所处的环境对他们有害。当一个处于成长时期的孩子生存在一个有害的环境中时，他就没有办法让自己原始发展的计划得到实现，进而也不能够在实体化的过程中将自己潜在的能量发挥出来。

神游

我们可以根据实体化的概念去对偏离正轨的性质做一个解释。只有让心理能量在运动中进行实体化，一个人的人格才能够得到统一。如果一个人获得不了这种统一，那么这个人就可能产生"分裂"。导致这种情况发生的原因有可能是由于成年人总是占支配的地位，也有可能是由于孩子在环境中缺乏活力。但无论是哪一种，总之孩子的心理能力和运动没有得到一致的发展。从本质上说，任何物质既不会被消灭也不会被创造，所以，孩子的心理如果没有按照预定的方式发展，那么就一定会向错误的方向发展。通常情况下，当这些心理能力因没有了根基而进入了无目的的漫游状态中时，偏离正轨的现象就产生了。心灵只有通过自发的体力活动对自身进行塑造，才能够不至于沉浸在幻想中无法自拔。

一个人的心理能力处于漫游状态时，由于找不到可以工作的对象，就会被一些图像和符号所吸引。发生这种心理失调的孩子会坐立不安，并到处乱动。从外表上看，这些孩子非常活泼、充满活力，可是从本质上看，他们的活动没有任何目的性，也不能进行自我控制。他们不能够长时间做同一件事，每件事都是刚做了不久，然后就中断了。因为他们不能把注意力集中在某一件事情上，而是将心思分散在许多不同的事情上。一些人会对这样的孩子施以惩罚，而另一些人则会耐心地对待这些散漫和不守规矩的孩子，并容忍他们的行为。无论哪一种做法，我们其实是赞成孩子幻想的，并将这种幻想理解为孩子创造性倾向的体现。

福禄培尔为了鼓励孩子沿着这些方向发展想象力，为孩子设计了许多种游戏。成年人教孩子对自己用积木搭成的马、城堡或火车进行观察。孩子能够运用其丰富的想象力将身边的任何物体赋予新的意义，他们可以把一只门把手想象成一匹马，也可以把一把椅子想象成一个宝座，还可以把一块石头想象成一架飞机。成年人们给孩子买了很多的玩具，可是这些玩具却只能为孩子提供幻觉，却不能为孩子提供一种和现实相关的真实环境。孩子在这种没有建设性的环境中只能不断地产生幻觉，而不能够理智地对某一件事物集中全部注意力。这些玩具对孩子产生了刺激，但这种刺激只能让孩子进行短时间的活动，过不了多久，孩子就会对这些玩具产生厌倦，然后把它们扔在一边。但是成年人却把玩具当成唯一能帮助孩子在自由活动中发泄能量的东西。成年人始终相信，孩子会在玩玩具的时候感到幸福。

虽然孩子会很快弄坏手中的玩具，但是成年人们仍然没有意识到真正的原因。成年人认为这个世界赋予孩子的唯一自由就是玩玩具，于是便毫不吝惜地给孩子买来一件又一件新的玩具，并认为这样就能使孩子爱自己、尊重自己。事实上，处于这个阶段的孩子应该做的事是为将来更美好的生活打基础，而不是做一些没有目的的事。这些"分裂"的孩子一旦进入学校，就会表现出没有秩序、不协调和无纪律，可是他们的这些表现反而被人们当成了聪明的特征。

我们的学校为孩子提供了一个有利的环境。在这样的环境中，孩子们能够马上投入到某些工作中去，他们不再激动地幻想，也不再坐立不安。他们能够用一种平静的心态面对现实，并能在工作中完善自我。他们开始和正常的孩子一样了。他们开始进行有方向、有目的的活动，让身体的四肢成为思想的工具，并以此对周围环境中的现实情形进行了解和认识。他们用对知识的探究代替了原来的没有目的的好奇。心理分析学家对这些孩子进行了仔细地观察和研究后，将孩子身上出现的想象力得不到正常发展和过分热衷于游戏的现象定义为"心理的神游"。

导致"神游"产生的原因在于人想要逃避现实，想要寻找一种慰藉。人们可以借助游戏或幻想世界来掩藏自己已经分裂的心力。神游是一种自我无意识的防御，为了让自己远离痛苦或危险，一些人选择了用面具把自己遮掩起来。

心理障碍

老师们发现，人们通常认为的那些想象力非常丰富的孩子并不是班里最好的孩子。相反，这些孩子很少有所收获。虽然事实如此，但人们依旧相信，这些想象力丰富的孩子的思想并没有偏离正轨。人们认为，这些孩子拥有无穷的创造力，这股力量太大了，导致他们没有办法对某一件具体事物专心。然而，一个思想偏离正轨的孩子并不能对自己的思想进行控制，他的潜力也得不到正常的发展。事实表明，这种孩子的智力不高。这种思想偏离正轨的弱点不仅能从孩子让自己在幻想世界中漫游的表现上看出来，还能从孩子自我封闭、没有勇气的表现中看出来。就一般的孩子而言，他们的平均智力水准要低于正常化孩子的智力。这些孩子的心力没有得到恰当的使用，所以他们就像骨折的人一样，只有在特殊的治疗下才能够恢复健康。但是，这些孩子并没有得到精心的呵护和治疗。没有人愿意为他们提供帮助，让他们失调的思想恢复正常，并使他们的智力得到正常发展。不但如此，人们还常常威吓这些可怜的孩子们。偏离正轨的心灵十分脆弱，它们没有能力承受强制和压迫，可是成年人们却偏偏喜欢用这样的方式来"纠正"孩子的缺点，结果导致这些孩子在强制和压迫下形成了叛逆的性格。

我们在生活中常常能看到一些孩子总是对所有事情表现得漠不关心，不肯服从老师和家长的指令。这些表现虽然属于心理防御，却不是我们所说的叛逆。我们所说的叛逆并不受到思想的控制，这种心理防御会无意识地让孩子无法接受和理解外界的观念。这种阻碍被心理学家们称为心理障碍。老师应该具备识别这种心理障碍的能力。孩子心中一旦出现这种障碍，他们就会变得越来越消极。这种防御机制会在孩子的心中形成一种声音："你可以说，但是我可以不听。你可以一遍又一遍地说，但是我依然可以当作听不见。因为我正在忙。我要建立一座高高的城墙,把你们所有人都挡在外面,这样我就可以拥有一个只属于我自己的世界了。"

如果一个孩子长时间进行这种自我防御,就会给人一种他失去了某一方面的天赋的感觉。事实上,一些老师在教这类孩子时发现,这些饱受心理障碍折磨的孩子的智力低于平均水平,不能掌握算术或拼写等技能。

如果一个孩子具备智力,却针对许多类型的学习设置了心理障碍,甚至对任何类型的学习都进行抑制,也许他就会被人们当作是愚蠢的孩子。人们会认为,一个在同一年级留级很多次的孩子一定智力低下。通常情况下,除了心理设防之外,外界的防御也是一种障碍。这种防御被心理学家称为"抵触"。这样的孩子会在一开始抵触某一学科,然后抵触大部分学科,接着是抵触学校、老师和同学。这样的孩子从小就会对学校产生恐惧心理,最后拒绝上学。在他们的心中,很难看到爱和友善。

童年时期的心理障碍会伴随这些人一生。有些人一辈子都讨厌数学,他们只要一接触数学就会感到不舒服,并产生强烈的厌恶心理。在其他学科上也有类似的情况发生。我曾认识一位妇女,她很年轻,也很聪明,像她这个年龄的人应该不会犯下这样简单的拼写错误,可是她却每次都会犯这样的错误。她曾多次试着改正这个缺点,结果都失败了。而且,似乎她练习的次数越多,犯错的概率就越大。即使她每天都阅读一些经典的著作,可是仍然改不了这个毛病。可是有一天,奇迹发生了,我看到她能够书写得既漂亮又准确。我没办法对这件事进行详细地论述,但是很显然,她一定找到了最适合自己的表达方式,所以才能够改正多年以来都没有改正的错误,并发挥出了应有的能力。

治疗方法

看到这里，也许人们的心中会产生疑问，在两种思想偏离正轨的情况中，究竟是神游更严重，还是心理障碍更严重呢？相比之下，沉浸于游戏或幻想中的神游是比较容易被治愈的，这一点在我们规范化的学校中已经得到证明。我们可以用一个比喻对这一现象加以说明，如果一个人从一个地方逃了出去，那是因为他所处的地方没有他需要的东西，然而当这个地方的环境发生了变化，变得符合他的需要后，他就随时可以回去。

事实上，在我们学校，这种情况经常会发生，一些心理失调和极端的孩子恢复了正常，他们似乎在一瞬间离开了那个遥远的国度，回到了我们中间。他们不再过着没有秩序的生活，不再乱七八糟地工作，并拥有了平静和满意。他们不再抱有偏离正轨的思想。看到这些孩子发生了转变，人们感到不可思议，然而这种转变发生得却又那么自然。如果这些孩子不能使自己的思想转入正轨，他们就可能终生受到这些缺陷的影响，无法享受正常的生活。

很多人看起来想象力丰富，但事实上，他们只能在自己的感觉印象的支配下对环境产生模糊的感觉。在别人眼中，这些人极其富有想象力，但他们却没有秩序感。他们能够对光线、天空、颜色、花朵等事物进行赞美，他们的人生观是伤感的、浪漫的。但他们却不能真正对他们所赞美的东西产生了解，也不能真正地对这些东西产生热爱。星星能给他们灵感，却不能长时间地吸引他们的注意力，让他们拥有最基本的天文知识。他们有艺术家的气质，却没有耐心去学习任何技能，所以他们不能创造出任何东西。他们没有办法保持安静，也没有办法让自己投入地进行工作，他们不知道自己的双手可以用来做什么事情。他们在生活中显得很神经质，有时会把东西打碎，有时还会把那些自己曾赞美过的鲜花从地上拔起。他们不能进行创造，也不能让自己过上更幸福的生活。他们不知道怎样才能发现世间的诗意。如果没有人向他们提供帮助，他们就不知道应该怎么办，因为在他们心中，所有的弱点和癖好都是完美的象征。处在成长早期的人的思想非常容易受到外界的影响而出现混乱，然后就会出现思想偏离正轨的情况，然而我们却很难在他刚刚开始进入混乱状态时发现这一现象。

心理障碍和神游不同，即使这一障碍刚刚出现在一个幼儿身上，也很难被克服。患有心理障碍的人会把自己藏在一座封闭的城堡中，以免自己受到外界的侵犯。城堡四周高耸着坚固的城墙把这个人与外界分隔开来，使他接触不到外界的美好事物，所以这个人很难得到幸福。他将一生在一个自我封闭的舞台上唱独角戏。在自我孤立的人的心里，求知、探索数学和科学的秘密与欣赏迷人的乐曲等行为都是"野兽"，它们会破坏自己内心完美的世界。孩子的天赋渐渐滑向了沼泽地中，于是，他们不会对任何事物和活动产生兴趣。他们会在学习中对世界产生厌倦和抵触，而不会产生要依靠学到的知识谋生的念头。

"障碍"这个词有很高程度的暗示性，它能让我们想起在很久之前，人们是怎样避免传染病传播的。那时的人们还没有足够的卫生知识，于是不管男人还是女人，他们都会把自己关在一个密不透风的大屋里，远离新鲜的空气、水和阳光。不管在白天还是在夜晚，他们都不会打开窗子，事实上，即使他们把窗子打开，也不能达到通风的效果。他们把自己包裹得像洋葱一样，一层又一层，不许空气对皮肤的毛孔进行净化。这样的环境反而不利于人类的生存。

在社会中，还有一些方面能够让我们想起这些障碍。人和人之间产生了相对的孤立，互不理睬。一些人不想承受孤独，于是他们组建了家庭，可是成立家庭后，他们将自己的家庭与其他家庭隔开，并用冷漠的态度对待其他的家庭。他们想要得到幸福，可是围墙并不能使人幸福。家庭观念上的防御会把人类按照社会、等级和民族分隔开。虽然人们在不同民族之间设立了屏障，但这并不能将一个统一的民族和其他民族隔离开，也不能让自己的民族获得自由和保护。可是，人们对这种屏障有着强烈的渴望，这种渴望使各民族之间的屏障变厚变牢，并阻止了各民族在人员和商品方面进行交流。

如果文明的发展要依靠物质和思想的流通，那么为什么人们还会对彼此缺乏信任呢？是不是即使世界上只剩下一个民族，这些由于痛苦和暴力产生的心理障碍也会存在呢？痛苦和悲伤一旦结合在一起，就会给一个民族带来更可怕的障碍，这种障碍会严重影响这个民族的生活。

依附心理

有些孩子天生意志薄弱、容易退缩，以至于成年人的一言一行、一举一动都会对他们造成很大的影响。这些孩子会对乐于为他们代劳的年长者产生强烈的依赖心理，于是遇到什么事情都会去找那位年长者。他们没有意识到自己缺乏本应拥有的活力，也没有意识到自己总是容易掉泪并不是正常的现象。他们对所有东西都报怨，并总是给人一种他们正遭受着痛苦的印象。于是，人们便认为这些孩子既敏感，又充满深情。这些孩子没有足够的耐心，但他们自己却没有意识到这一点。他们容易感到厌烦，却不知如何摆脱。他们不愿意在一件事情上花太多时间和精力，所以他们总是寻求成年人的帮助，似乎离开了成年人，他们就什么都做不了。

这些孩子会要求成年人时刻在他们身边，陪他们玩、讲故事或唱歌给他们听。于是，成年人在无形之中成了这些孩子的奴隶。出于对孩子的感情因素，这些成年人不会拒绝孩子们的要求，可是孩子对他们的依赖如同一张渔网，将他们缠得越来越紧。这些孩子总喜欢向成年人提问，看上去，他们在渴求知识，可是只要我们仔细观察他的眼睛，我们就会发现他们的心不在焉。他们并不希望从成年人那里得到知识，他们这样做的原因只是为了有人能够对他们提出的问题做出回答。他们认为，只要自己不停地发问，就能够将愿意给予他们帮助的人留在身边了。

这些孩子乐于服从成年人的命令。哪怕那些命令并不重要，这些孩子也会马上停下手中的工作，然后按照命令去做。成年人在面对这样"温顺"的孩子时，会很容易把自己的意愿强加给他们。这时，一个巨大的问题就产生了。这些孩子会渐渐地对任何事情都失去兴趣，并变得迟钝或懒惰。成年人喜欢懒惰的孩子，因为这样的孩子比较乖，不会对自己的行动造成影响。可是，这样只会使这些孩子离正轨越来越远。

惰性其实是一种心理疾病，它是由于活力和创造力的衰退而产生的。我们可以把惰性理解为患了重病的人的虚弱。基督教把惰性解释为人首要的罪恶之一，这种罪恶会让人类的灵魂死亡。

成年人给予了孩子太多没有用的帮助，对孩子施加了过多自己的意愿，并对孩子产生了潜移默化的影响。这些都是阻碍孩子心理发展的因素。

占有欲

幼小的婴儿和正常化的孩子对周围事物的态度是积极的，他们会深爱这些事物。他们对使用多种官能有着强烈的渴望，这种渴望就像是饥饿的人对食物的渴望一样，并非来自于理性。当一个人极其饥饿的时候，他会四处寻找食物。而如果我们并不感到饥饿，我们就不会有吃东西的欲望。不会有哪个人在已经吃饱了的时候还说："我已经很久没吃东西了，我要是再不吃东西，我就没办法保持体力，甚至会死去，所以我必须吃些有营养的东西。"的确，饥饿会让人感到痛苦，它会成为人类寻找食物的动力。孩子对环境也会产生一种类似的饥饿感，他们需要寻找到让自己心灵满足的东西，并需要在活动中得到能够促进心灵发展的营养品。

让我们如同新生儿一样对"精神的滋养"感到喜悦吧。每个人对环境都有与生俱来的热爱，但是如果说孩子对环境充满了激情和热爱，这也并不十分确切，因为激情是一种转眼就会消失的冲动。我们可以把孩子的这种喜悦称为能够被感受到的"充满活力的体验"的动力。正是这种动力促使孩子在环境中不停地活动。这种激励孩子活动的热情就好像氧气在他身体中产生的热量一样。一个富有活力的孩子会让人感觉到，这个孩子所生活的环境刚好适合他的发展，他能够在这个环境中得到自我的实现。相反，如果一个孩子长期处于虚弱、乖戾和与世隔绝的状态，那么这个孩子长大后就会无法独立、缺乏智慧，并且经常被一些奇怪的念头困扰。这样的人不但会使周围的人感到讨厌，还会无法融入社会中。

如果孩子不能够在有助于自身发展的活动中找到动力，他们就会对"物品"产生强大的占有欲。他们可以进行一些不需要知识和热爱的活动，比如说把某个东西拿走并收起来。于是，孩子的心力被转移走了。这样的孩子只会想要拥有一些东西，而不会在意自己想要的东西是否适合自己使用，或自己是否有能力使用。当两个这样的孩子同时看中一样东西时，他们就会争夺、会打架。他们不在乎看中的东西是不是会在争夺中被损坏，他们只想得到自己想要的东西。

事实上，那些偏离正轨的道德和行为就是因为在爱和占有之间做出了错误的选择。一个人一旦做出了选择，他就会沿着选择的那条路走下去。孩子的本能就像章鱼的触角一样，在占有欲的驱使下，它们会伸向自己希望得到的东西，然后把这件东西牢牢地抓住。一旦它们抓住了这件东西，它们就会用尽全力保护这件东西，不许任何人抢走。它们宁肯让这样东西在争夺中破损，也决不放开。身体强壮的孩子就会这样对待自己想要得到的东西。当有其他孩子想要从他们手中拿走什么东西时，他们就会把那些孩子推开，或是和那些孩子打架。当一群这样的孩子聚在一起，他们就会经常为了一点小事争吵不休。我们不应该轻视孩子之间的这种争执。

为什么孩子之间会发生争执呢？这是因为这些孩子的自然能量被转移了。占有欲不是由外界物质决定的，而是由某种内心的黑暗所引发的。

我们在对孩子进行道德训练的时候，会督促他们不要把自己依附在物质的东西上。这种教育以尊重他人财产为基础。如果一个孩子已经对某种物品产生了强大的依附心理，那么我们可以说，这个孩子已经从那座把他与内心生活相隔开的桥上越了过去。正是这个原因导致他对外物的帮助有着强烈的渴望。这种欲望已经在孩子的思想中深深地扎下了根，所以人们把这种欲望也当成了孩子的一种本性。

是不是具有缄默气质的孩子就不会这样了呢？不是的。这些孩子同样会在毫无价值的东西上投入大量的注意力，只不过，他们会用与外向的孩子不同的方式去占有这些东西。这些孩子不会和其他孩子争吵，更不会打架，他们只喜欢把自己喜欢的东西偷偷地藏到别人找不到的地方。一些人认为这样的孩子和收藏家一样，但这些孩子只会把自己想要的东西统统塞在一个地方，而不是分门别类地摆放好。而且他们收集的东西五花八门，相互之间并没有联系。一些智力上存在缺陷的人和犯过罪的少年总会在口袋里装上很多既没有用，又和自己不相称的东西。个性内向的孩子也会这样做，但他们的行为却被人们认为是正常的。一旦有人想从这些孩子手中拿走这些东西，这些孩子就会拼命地保护它们。

心理学家阿德勒把这种收藏的偏好比作成年人的贪婪，这种贪婪在一个人还是婴儿的时候就已经存在了。如果一个人总是对许多没有一点用处的东西表现出特别的依恋，明知没有用也不肯放弃它们，那么这个人的生活就会被彻底地打乱。爸爸妈妈们看到孩子保存自己的财产会感到很高兴，因为他们认为这是人类的本性，也是社会的重要因素之一。所以普通人会对孩子们的这种占有欲和收藏欲表示承认和理解。

支配欲

还有一种偏离正轨的思想也和占有欲有关，那就是支配欲。我们可以在想要支配环境的本能中发现一种力量，这种力量通过人对环境的热爱而表现出来，进而想要把外界的环境占为己有。但是，如果这种力量不是在正常的心理发展过程中自然而然地产生的，它就会转而发展成贪婪。

当一个不正常的孩子感到自己的身边有一个能力很强、什么都能做到的人时，他就会觉得很安心。这种孩子认为，如果自己能够利用成年人的能力，那么自己也就具有了强大的能力。这样的孩子一遇到自己能力范围以外的事情，就会找成年人帮助自己。这种做法可以被理解，它还会对所有的孩子产生潜移默化的影响。于是，其他孩子也认为这样做是理所应当的，我们很难纠正孩子的这种做法。这是孩子最喜欢用的一种策略，一个无助的孩子会把这种行为当作是一种非常合理、非常自然的行为。他会习惯于让能力强的人为自己做任何事情，满足自己的任何要求，即使这个要求很无理。这样的孩子有着无止境的欲望。对于一个想象力丰富的孩子来说，成年人是无所不能的，他们能够让自己最奢侈和变化的愿望得到满足。在神话故事中，我们常常能够看到这样的描写，故事的主人公从仙女那里得到了无穷的财富和恩惠。孩子被这些故事深深地吸引了，他们认为故事中的事就是自己一直希望发生的事。在孩子的心中，成年人就好像无所不能的仙女，有些仙女长得漂亮，有些仙女长得丑陋，有些仙女很年轻，有些仙女很年长，有些仙女身着华丽的衣服，有些仙女则衣衫褴褛，但无论这些仙女的外貌如何，她们都能够随时给自己帮助，对自己百般宠爱。

一个成年人无论是高是矮，是胖是瘦，相对于孩子而言，他都是一个强而有力的人。孩子希望能够按照自己的想法支配这些强而有力的人。最初，成年人会为自己能够给孩子带去幸福而感到高兴。可是时间一久，他们就会因为一次一次地让步而付出惨痛的代价。孩子的欲望是无止境的，当他们的第一个愿望得到了满足后，他们就会希望接下来的所有愿望都能够得到满足。成年人越是让步，孩子就越是想要更多。然而，成年人只能满足孩子有限的物质需要。直到有一天，成年人无法满足孩子的愿望了，而孩子却仍想活在要什么就会有什么的想象中，这时，孩子和成年人之间就产生了剧烈的冲突。直到这时，成年人才意识到自己犯了一个多么大的错误。面对自己亲手制造的灾难，成年人只能承认，是自己宠坏了孩子。

即使一个孩子总是十分顺从，他也有让成年人服从于自己的方法。情感、眼泪、恳求、忧郁的眼神都是他用来征服成年人的武器，就连他的自然魅力也可以用在征服成年人上。成年人会屈服于这些孩子，直到自己再也不能给予他们更多的东西。这时，孩子就会感觉非常痛苦，并产生偏离正轨的行为。成年人直到这时才意识到自己做错了，才能意识到导致孩子产生缺陷的原因在于自己的所作所为。于是，成年人开始寻找解决的方法。

但是我们知道，想要找到纠正孩子任性的方法是非常困难的。规劝没有用，惩罚也没有用。这就好像一个人正在发高烧，而我们却想用规劝使他们的烧退下去一样，即使我们威胁他，再不退烧就会挨揍，他的烧也不可能立即退下去。当孩子对成年人表现出屈服时，这说明成年人已经停止了对孩子的娇惯，可是这样却会使孩子的发展受到阻碍，并使孩子偏离自然发展，走入歧途。

自卑感

　　成年人并没有意识到自己对孩子的轻视。虽然一位爸爸可能相信自己的孩子是完美的，并以拥有这样的一个孩子为荣。虽然这位爸爸会希望自己的孩子在未来有一个很好的发展，并相信孩子一定能够发展得很好，但是，由于受到某种神秘力量的支配，这位爸爸并不能对孩子表现出足够的信任。在这股力量的驱使下，这位爸爸认为孩子一定是"一无所知"的，孩子的身上一定存在着一些缺点，所以自己必须要把大量的知识灌输给孩子，并帮助孩子改正那些缺点。

　　成年人一旦拥有这样的想法，就会对孩子产生轻视，同时把孩子看成是自己的附属品。在对待孩子的时候，成年人喜欢按照自己喜欢的方式，却不管孩子喜欢什么。也许他在面对另一个成年人时，会意识到自己有些言行是可耻的，并尽量收敛，但是在孩子面前，他就会忽略这些，肆无忌惮地对孩子做一些可耻的事，说一些可耻的话。在家里，一位爸爸会把所有的贪婪和暴虐展现在孩子面前，并将这些看成是自己权威的表现，丝毫没有想过这样会伤害孩子的自尊。比如，一个孩子端着一杯水出现在爸爸的视野范围内，这时，贪婪会使这位爸爸产生"杯子是非常珍贵的东西，不能让孩子打碎"的念头，于是他就会抢过孩子手中的杯子，并严厉地斥责孩子。

　　也许这位爸爸一个人这样做是为了不断积聚财富，并希望自己的孩子比自己还要富有，可是在那一瞬间，他心里想的是杯子价值要远远高于孩子活动的价值。他心里想着："为什么孩子要用和我不同的方式放杯子呢？我还是希望能够按照我喜欢的方式放杯子。"这个人并不是不愿意为孩子做任何牺牲，他希望孩子能够成功，希望孩子能够成为一个有名的人、一个有权势的人。可是他却在看到孩子拿着杯子的时候产生出一种对自己财产的强烈的保护欲。事实上，如果这样端着杯子的不是孩子，而是仆人，他只会一笑了之；如果打碎杯子的人是客人，他不但不会放在心上，反而会安慰客人这只杯子并不值钱。成年人对孩子施加的权威让孩子觉得非常受挫。在孩子心里，产生了一种自己是世界上最没有用的人的想法。

我们必须对我们的做法进行一些改变。如果我们希望孩子的内心能够得到正常的发展，我们就应该允许他们自由碰触周围的东西，并让他们在使用这些东西时遵循合理的、始终如一的方式。这些都非常有利于孩子人格的发展。一个成年人在早上醒来后，会知道自己必须要做哪些事情，并能够按照正常的顺序依次进行日常行动，因为这些事早已成为他生活方式的一部分。他们不需要再对如何做这些事情，或是按照什么顺序进行这些事情而做出过多的考虑了。这些行动的发生就像心跳和呼吸一样自然。

孩子也必须养成他们自己的行为习惯，但是却很少有人对他们连续的行为过程表示尊重。有时，我们会中断孩子的游戏，只因为我们认为孩子的散步时间到了；有时，家里来了客人，我们就会把孩子拉到客人面前打招呼，而不管孩子此时是不是正专心致志地进行着某项活动。成年人对孩子的打扰是无时无刻不在发生的，他们从来不认为自己突然闯入孩子的生活有什么不对。成年人在指挥孩子做某件事情之前不会先和孩子打招呼，更不会事先争取孩子的同意，这让孩子觉得自己进行的所有活动都没有任何价值。相反，孩子会在每一次与成年人交谈之前表示出自己对对方的尊重，即使那个人只是家里的仆人。孩子也会先征求对方的同意，然后才会要求对方为自己做什么。在这样的生活环境中，孩子感到自己和其他人是不一样的，自己没有价值，而其他人有，所以自己应该对其他的人言听计从。

我们已经注意到，行为的连贯性是由心中已经设想好的计划决定的，这对孩子的发展也起着非常重要的作用。成年人会在某一天告诉孩子，他们应该对自己做出的行为负责。一个人只有能够对各种行为之间的关系进行透彻地理解，并对其意义做出正确的判断后，他才能具备责任感。但是，孩子却只是感觉自己做的一切都是没有意义的事情，他们自然也就无法建立起责任感。一位爸爸没有成功地让孩子具备责任感，并因此感到很难过，可是在难过的同时，他也应该意识到自己就是让孩子的自尊和连续感遭到破坏的人。一个人在承担责任之前，必须要相信他是自己行为的主人，可是孩子却认为自己是笨拙无能的，所以他们无法承担起责任。

令一个人沮丧的最大原因是这个人对自己的能力没有自信。一个瘫痪的人绝对不会想要和一个身体健全的人比赛跑步，一个普通人也绝对不愿意和职业拳击手进行拳击比赛，因为不可能获胜的念头已经把他们打败了。成年人总是羞辱孩子，这让孩子觉得自己没用，并失去了行动的念头。成年人总是对孩子说："你做不了那件事，别白费力气了。"一些粗暴的成年人甚至还会斥责孩子："我不是告诉过你不能做了吗？你为什么还要去做？你傻吗？"正是成年人的这种做法使孩子的连续性遭到了破坏，并使孩子遭受了侮辱。

由于经常被这样对待，孩子们相信了自己的无能，于是他们总是没有自信，也失去了做任何事的勇气。如果一个成年人想要做一件事，却被比自己强大的人阻止，他会设想将来有一个比自己弱的人，这个人没有办法阻止他做任何事。可是如果一个孩子在成年人的影响下觉得自己是无能的，他就会被无尽的冷漠和极度的恐惧包围。这时，孩子的心中产生了一种障碍，这种障碍会让他时刻觉得自己没有别人好，做不了别人能做的事，这种障碍就是我们常说的自卑感。自卑感会让一个人永远深陷于无休止的冲突之中，它不但会让人时常感到痛苦，还会把一个人变得胆怯、犹豫、悲观、绝望等。

正常的孩子会表现出十足的自信，他们相信自己能够做好每一件事。圣罗伦佐儿童之家的那个孩子就向我们说明了这一点。当他看到来访者因为学校没有开门而感到失望时，他告诉这些参观者他们可以自己打开教室的门，并在里面做想做的事。这个孩子会有这种表现并不是因为他很傲慢，而是他了解自己的潜力。他成功地带领所有参观者参观了学校，并认为自己做的事情很平常、很简单。通过这件事，他完美的个性充分地展示在了人们面前。

一次，意大利皇后看到一个小男孩正在用活动字母拼字，便想让他拼出"意大利万岁"，可是这个孩子并没有被打扰，他平静地进行着他的工作，仿佛只有他自己一般。虽然我们希望他能够暂时停止手中的工作，然后按照皇后的意思去做，以表达对皇后的尊重，但把用过的字母放回到原处却是他必须要做的事。这个孩子做完了这项工作，然后用字母拼出了"意大利万岁"。虽然这个孩子只有 4 岁，但是他在控制行为和情感的方面有着充足的自信，这使他看起来像一个小大人一样。

恐惧

　　人们认为孩子会感到恐惧是件正常的事，但事实上，恐惧也是一种偏离正轨的心理。可是在现实生活中，人们只把这种现象当作是孩子内心深处的心理失调，并认为这种失调不会受到环境的影响。也就是说，人们把恐惧当成了孩子性格的一部分。有些孩子总是畏首畏尾，好像随时都被恐惧笼罩着一样。还有一些孩子总是斗志饱满，有勇气面对危险，但他们在遇到一些看起来神秘的、不合逻辑或无法战胜的东西时，也会觉得害怕，这可能与他们以前看到的一些印象强烈的东西有关。孩子可能会害怕过马路，或者害怕猫或鸡等动物，这种害怕和精神病专家在成年人当中发现的病态恐惧症有些相似。在那些依赖成年人的孩子身上，我们特别容易发现这种害怕。成年人有时会利用一些孩子的无知吓唬孩子，使孩子听从自己的指挥。这是成年人用于对付孩子的手段中最坏的一种，因为这种手段加深了孩子对黑暗天生的恐惧。

　　一切能够使孩子与现实接触、对身边的环境进行体验并产生理解的东西都能够帮助孩子消除这种紊乱的恐惧心理。我们开办了使孩子正常化的学校，消除孩子潜意识中的恐惧就是我们最初取得的成果之一。我们学校有一个西班牙的小女孩，她家一共有4个女孩，她是最小的，却也是唯一一个不怕打雷的。每当姐姐们在雷雨天的晚上感到害怕的时候，她就会带姐姐们到爸爸妈妈的房间里，保护姐姐们。姐姐们也会在打雷的时候马上跑到妹妹身边，以得到安慰。

　　"恐惧的心态"和人在危险面前出于自我保护的本能所产生的畏惧不

同。相比于成年人，孩子出现这种畏惧心理的情况要少得多，其原因之一是孩子不会遇到像成年人遇到的那么多危险。另一方面，孩子能够比成年人更自然、更迅速地面对危险。很多孩子常常让自己身处于危险之中，街上的流浪儿会在车上偷取乘客的钱，生活在乡村的孩子常会爬到树上，或是顺着陡坡向下冲。他们还会自己跳进河里或海里学习游泳。这些孩子在看到同伴遇难时会毫不犹豫地冲过去帮助同伴，比如，加利福尼亚一家儿童医院的盲童病房失火了，一些生活在大楼另一端的孩子发现后，马上冲到火海中救人。报纸和杂志几乎每天都会刊登类似这样的消息。

人们可能会问，是否正常化的孩子也会赞成这种英雄主义倾向。在我们学校，没有孩子会这样做。我们学校的孩子通常会有一种谨慎的心理，他们会尽量避免危险，但如果危险真的发生了，他们也懂得如何在危险中生存。他们不会在使用小刀的时候切到手，也不会在点火的时候引起大型火灾，他们能保证自己站在水池边不掉下去，也能平安地穿过马路。我们学校的孩子懂得如何控制自己的行为，他们不会急躁地做事，所以他们能够拥有一种崇高而平静的生活。正常化并不是让自己时时处于危险中，而是在谨慎中认识到危险并控制危险，这样就能够在危险的环境中生存下来。

说谎

偏离正轨的心灵就像枝叶繁茂的植物，它的枝叶会向四面八方伸展，可是真正的秘密却埋在地下。教育上最常见的错误就是认为各种偏离正轨的心理都是相对独立的。

在最严重的几项错误中，说谎是其中之一。欺骗就像人们的外套一样，能够对人起到伪装的作用。人们可以通过穿上不同的衣服给人以不同的感觉，同样，人们也可以通过说不同的谎话制造各种假象。谎言有很多种，每一种都有着独特的意义和重要性。有些谎言是正常的，也有许多谎言是病态的。患有歇斯底里的人总会不由自主地说谎，这一现象引起了本世纪的精神病学家的注意。这些人说谎的频率非常高，几乎每一句都是谎言。人们还注意到了孩子在青少年法庭上的谎言。孩子的心灵是纯洁的，当他们想说谎时，他们就会显得不安。通过对这种现象的进一步研究，我们发现这些孩子的本意是讲真话，然而他们的心理发生了紊乱，于是便讲了谎话。受到情绪波动的影响，他们的紊乱也在加剧。

这种隐瞒真相的欺骗可能经常发生，也可能偶然发生，但不管是哪一种，这种欺骗都不属于孩子有意用来自我保护的谎言。正常的孩子也会在日常生活中说些类似的谎言。谎言是怎么来的呢？它可能是从孩子为描述某种东西而产生的幻想中产生的。在幻想中，孩子会把其他人认为是真实的东西进行一番加工，然后用自己的方式表达出来。孩子说这些谎言的意图并不是为了获取个人利益，他们只是在以一种艺术形式向人们讲述一个故事，就像演员在演戏的时候会把自己当成故事中的角色一样。

曾有一个孩子告诉过我，当家里来客人时，他的妈妈会端出自己做的蔬菜汁给客人喝，这种蔬菜汁十分美味，并且富有营养，客人们喝过后都赞不绝口。听到这个孩子这样说后，我不禁产生了想要学着做这种饮料的念头，于是我去拜访了这个孩子的妈妈，并向她讲了我的请求。可是孩子的妈妈听后感到很诧异，她说她从来没有做过这种东西。由此可见，这个孩子说的并不是事实，他只是运用他的想象力创造出了一个故事而已。他并没有其他的意图，所以我们不能把这种谎言与因为懒惰和不愿探索真知而说的谎言相提并论。

还有一些谎言是由于孩子的推理而产生的。有一位妈妈经常把自己5岁的儿子寄托在一所寄宿学校里。这所学校的保育员对这个孩子非常照顾，可是这个小男孩却总是向妈妈抱怨保育员对自己非常苛刻。听到孩子这么说，这位妈妈找到了学校的校长，向校长了解情况。当得知孩子说的不是事实后，妈妈很生气，回到家就问孩子为什么要说谎。这个小男孩说，因为他不可以说校长不好。这个孩子之所以会说保育员不好，并不是因为他没有指责校长的勇气，而是他向传统的势力屈服了。很多孩子为了适应环境，都会采取一些类似的狡猾的手段。

软弱和怯懦的孩子的谎言是由于一时冲动而编造出来的。这种谎言只是一种起防御效果的条件反射，而不是经过仔细推敲后才说出的。由于这些谎言只是临时编造出的，所以它们具有明显的天真性。老师们只知道要制止孩子说谎的行为，却没有想过是什么原因导致孩子说谎的。孩子为什么会说谎？他们只是想在成年人面前保护自己，不受到猛烈攻势的伤害。可是我们却因为这些孩子软弱、无知，或不能做他们应该做的事而责备他们。

欺骗是一种智能现象，它出现在孩子的童年时期，并会随着孩子一天天成熟而变得更加有条理。欺骗在人类社会中占有重要地位，它甚至像人们的衣服一样美丽而不可缺少。我们学校的孩子能够放弃这种被歪曲的认识，并在生活中表现出自然和真诚。说谎不会奇迹般消失不见，它只能改变，而不能转化。在改造孩子的心灵时，清晰的思想、与现实接触、精神上的自由和对善良及崇高的向往都能起到正面的作用。

社会生活被一种虚伪的气氛包围着，以至于每当人们试图纠正它时，都会使社会陷入混乱。很多从儿童之家走出的孩子进入高一级学校后，都会被看成是缺少礼貌、不懂服从的孩子。这只是因为他们只懂得真诚面对所有人，而不懂得妥协。他们的老师对这一事实表示否认。普通学校的训练和规范充满了欺骗，所以这些学校的老师也没有见过真诚的孩子，当他们见到我们学校走出的孩子所表现出的真诚后，他们就认为，是这种真诚破坏了他们对孩子的教育。

心理分析学家对潜意识的隐瞒做出了解释，这是他们对人类心灵历史做出的最杰出的贡献之一。人类生活中可怕的谎言是由成年人的羞耻心和非儿童式的虚构共同构成的。它们把隐藏着的重要的信念覆盖并保护了起来。隐瞒是建构在人自身当中的谎言，即将自己的真情实感进行隐瞒。一个人只有把自己的真情实感隐瞒起来，才能够使自己适应一个和自然情感不一致的世界，才能使自己在这样的世界中生存下来。这是一种妥协，是由于人无法长期和社会力量斗争而产生的。

虚伪地对待孩子是成年人最显著的隐瞒之一。为了使自己的利益得到满足，成年人往往会牺牲孩子的需要，却又矢口否认自己的所作所为，因为成年人自己也知道这样做是恶劣的。成年人喜欢用自欺欺人的方式来让自己相信所做的一切都是为了孩子好。孩子想要保护自己而做出的行为被成年人们认为是错误的，并想方设法制止孩子进行反抗。成年人用虚假的习惯代替了真理和正义，并认为自己正在履行着应尽的义务。成年人的心冷酷而坚硬，就像但丁在《地狱篇》中描述的："我的心就像石块一样硬，我用手敲打它，它伤了我的手。"但丁把仇恨比成了冰。人们心中的爱像水一样柔和，而恨像冰一样坚硬。人们习惯把自己的情感隐藏起来，以便于向虚伪的社会妥协，可是这种精神上的谎言却会让人的心中生出恨来，这是藏匿在潜意识深处的所有谎言中最可怕的一种。

Part 24
心理健康和身体健康

　　有很多情况都是由于心理偏离正轨而产生的。在心理偏离正轨的情况下，人的身体功能也会下降，包括出现一些看不出原因的疾病。现在医学已经彻底证实了这一点。有一些疾病看起来似乎只是由于身体的某种机能出现了故障，而事实上，导致这种疾病的真正原因来自于心理。在孩子当中有一种叫作消化不良的疾病，通常人们认为能够吃下大量东西的孩子拥有"良好的食欲"，却不知这些孩子很容易因为无法控制自己的食欲而患上消化不良。

　　古代的时候，人们就已经把贪食当成是一种恶习，并认为这种恶习会对身体造成危害。贪食会让能够促进食欲并抑制食量的敏感性发生退化。这种敏感性是一种本能的自我保护，它存在于所有的动物体内。这种本能既与动物的环境有关，也与动物自身有关，也就是说，这种本能既能指导动物避开危险，也能控制动物的日常饮食。动物的本能会告诉它们应该吃什么，吃多少，以及吃什么对它们的身体有好处。

贪食是人类特有的恶习。只有人类才会盲目地吃下过量甚至有害的食物。所以我们说，心理偏离正轨的人会失去让自己处于健康状态的敏感性。我们在一些心理偏离正轨的孩子身上清楚地看到了这样的例子。这些孩子很容易出现饮食习惯失衡的情况，想要吃什么就吃什么。他们非常容易被食物吸引，以至于失去了这种自我保护的本能。一些不正常的孩子进入我们的学校后会渐渐变得正常，而这其中最明显的一个标志就是他们的心理不再偏离正轨，他们也不再贪食。他们开始对吃饭的姿势感兴趣，并将大量时间用于学习正确地铺餐巾，使用刀、叉上。他们会努力回想曾经学过的方法，并会主动帮助那些年纪很小，还不太会自己吃饭的孩子们。有时，他们过于全神贯注，以至于连自己的饭菜已经冷却了都没发现。如果他们没有被安排帮助上菜，他们就会觉得不开心，因为在他们看来，吃饭是一件太轻松的工作，而他们需要的并不是这个。

我们也可以从孩子的谦让态度中看出饮食和个人心理状态之间的关系。这种孩子常常会对食物表现出明显的厌恶，许多孩子什么都不肯吃，这让家长和学校感到很头疼。在为贫穷、弱小的孩子开设的学校中，这种情况特别突出。人们希望这些孩子能够在愿意吃饭的时候吃饱。通常情况下对食物缺乏兴趣会让孩子抑制治疗，然而，我们不应该把这种抵触当成导致孩子没有食欲的身体失调。孩子不肯吃东西是由于心理因素作祟，也许是自我保护机制引起的。比如，一个成年人试图让孩子快些吃饭，可是孩子却想按照自己的节奏吃饭，于是他就会抗拒。儿科医生已经发现，孩子不会一看到想要吃的东西就一口气吃光，而是会停止进食一段时间。

婴儿在断奶前也会出现这种情况。在快要感觉饱了的时候，他们会停下来休息一会儿，然后再以一种缓慢的速度继续吸奶。所以，孩子不肯吃东西，有时是一种向强制他们用另一种节奏吃饭的成年人抗议，他们希望能通过这种方式保护自己。但是，还有一些情况和上述情况不同，我们必须要把这些情况区别开，并单独寻找导致它们发生的原因。一些面色苍白、没有食欲的孩子可能是由于缺乏新鲜空气而出现对食物的抵触，我们只要让他们多接触阳光和空气，他们的情况就会好转。有些孩子不肯吃饭是由于他的身边有一个他极端依赖的成年人，他的所有活动都在这个成年人的支配下进行。想要治愈这样的孩子只有一个办法，那就是让他离开那个他依赖的成年人，进入到一个新的环境中，这样他的主动性就能够得到自由地发挥。

虽然我们的身体现象看起来和心理没有关系，但事实上，这两者之间有着密切的联系。《旧约全书》中记载了以扫由于贪吃而出让了自己的出生权，并同时放弃了本属于自己的最大利益。贪吃是一种"扰乱心智"的罪恶。托马斯·阿奎向我们提出贪吃和智力之间存在着联系，并认为贪吃会使一个人的判断力下降，进而没有办法正确对现实产生认识。可事实上，并不是贪吃降低了人的判断力，而是心理紊乱引起了贪吃。

基督教认为这种恶习和精神失调有密切关系，因为它让心灵变得不健全，进而使心灵远离了人类的神秘法则，所以基督教把这种恶习列为基本的罪恶之一。心理分析学家间接地证实了这一理论，即贪吃意味着人类的自我保护能力正在衰退。但是，现代科学对贪吃做出了不同的解释，并称它为一种"死亡本能"。人有一种帮助和促进人类死亡的自然倾向，只要使这种倾向加速，人就会自杀。那些把自己依赖于酒精、鸦片和海洛因等毒品的人都是希望自己死亡的人。这正是表明了人们自我保护的敏感性已经消失的最好证据。如果这种倾向和自然死亡相关，那么我们应该能在所有的动物身上看到它的体现。可是我们并没有在其他的动物身上发现这一体现，所以我们说，一个人只要心理偏离了正轨，他就会一步步走向死亡。这种可怕的倾向从人们的童年时期就存在了，只是人们很难发现它的存在。

人的身体和精神之间有着紧密的联系，所以人们总能在疾病的背后发现一些心理因素。当一个人的饮食出现失调，他就很容易患上多种疾病。有时我们看到一个人明明没有生病，却总是呈现出病态，这是因为在他的心里，他把自己想象成了一个病人。心理分析学家们向人们指出，一个人可能会把疾病当成自己的庇护所。产生这种逃避的原因在于一个人的体温偏高或功能失调。这种病症是由于潜意识的心理紊乱导致的，它甚至能够支配一个人的生理规律。虽然他并没有生病，但有时，他所表现出来的病症却非常严重。这个人希望借助这种疾病摆脱现实中的不愉快的处境，所以所有治疗对他来说都是无效的，除非他真正能从让他感到不愉快的环境中逃出来，他的病才能好。

如果一个孩子生活在一个能够让他们以正常方式生活并自由活动的环境中，他就不会出现许多莫名其妙的疾病，并且整个人都会变得健康起来。现在，我们的学校被许多儿科专家称为是"健康之家"。他们把患有功能性疾病、抵制治疗的孩子送到我们的学校进行治疗，并看到了令人惊奇的治疗效果。

Part 25
成年人和孩子之间的矛盾

　　成年人和孩子之间一旦产生矛盾，这种矛盾就会无限地扩张开，这种情况犹如一石激起千层浪一般。

　　人们通过对水的涟漪进行研究，于是发现了引起水波动的原因，心理学家们对人的身体和心理疾病进行了研究，于是追溯到了心理疾病的根源。当然，这一过程是漫长而艰苦的，就好像那些前往尼罗河探险的探险家们，跋山涉水几千英里，并穿越了巨大的瀑布，最终才找到了河的发源地。想要探索人的心灵弱点和疾病，科学家们也必须穿过直接的原因，越过已知的知识，最后到达疾病的源头，这一源头就是孩子的身体和心灵。可是，如果我们对从原始社会开始的历史感兴趣，我们也可以以童年时期为起点，然后遵循着生命的进程进行探索。这一过程就像从源头流出的河水，一路奔流而去，忽高忽低，忽急忽缓，最后停在终点。

　　如果我们说那些折磨人身体、心理和神经的疾病起源于童年时期，那么我们就可以在孩子的生活中发现这些疾病的最初症状。另外，我们还要记住一件事，那就是每一种严重和明显的疾病发生时，都会有一些较轻的疾病伴随着它。能够治好的病还是多数的。如果得病意味着一个人没有了抵抗疾病的能力，那么这个人对同种类型的其他疾病也就没有了抵抗力。

引起一个人身体和心理健康崩溃的原因有很多。我们只要在一处水源中提取一小部分水的样品，就可以检验出这一处水源的水是否可以被饮用。如果这一份样品被污染了，那么这一处水源中的水就都遭受了污染。同样的道理，我们看到人由于他们自身的错误而备受折磨时，我们应该意识到，有一种根本性的错误存在于整个人类的种族中。

很早以前，我们就对这一事实有所认识。摩西时代的人就已经知道，一个人的罪行会破坏整个人类社会。那些不懂得罪恶本质的人认为原罪是不公正、不合理的，因为它使亚当的子孙后代都要背负着这样的罪名。可是我们却可以亲眼看到，许多无辜的孩子在自然成长的过程中接受着惩罚，每一个孩子都在成长的过程中承受着这种错误不断传承的致命后果。找到这些错误的根源是十分重要的，虽然人们还没有将它们挖掘出来，但是我们却可以在人类生活的基本矛盾中找到它们。

Part 26
工作是人类的本能

在人们还没有找到这些新的发现的时候，人们并不清楚是什么规律在支配着孩子的心理发展。但是现在，对孩子"敏感期"的研究已经在所有研究人类的学科中占有最重要的地位。

孩子想要得到成长和发展，就需要不断地将他们与环境之间的距离缩短。因为孩子只有摆脱对成年人的依赖，才能够发展自己的个性，获得我们所说的"自由"。适宜的环境对孩子的成长是有益的。孩子能够在这样的环境中找到有助于自身独特功能发展的工具。孩子断奶的时候不再需要母乳就说明了这一问题。断奶后的孩子需要吃谷类食物，他们不再需要从妈妈那里汲取营养，而是可以从环境中汲取养分。

如果孩子不能在一个对自己发展有利的环境中成长，那么他们就没有办法独立，也没有办法获得自由。可是，我们要怎样为他们提供这种环境呢？我们必须仔细地进行研究，就像我们研究应该怎样正确地喂养孩子一样。不过孩子已经在我们的研究取得成果之前就已经为自己设计好了一套体系，这套体系有着清晰的轮廓，只要我们按照这套体系去做，就能够让孩子的心理需要得到正确的关怀。

在我们的所有发现中，最重要的一项发现就是孩子能够在工作中恢复正常状态。我们对全世界各个种族的孩子进行了实验，从而使我们的观点在心理学和教育学领域中都得到了证实。孩子有一种想要工作的本能，因为他们必须在工作中形成个性。没有什么事情能够代替工作，所有人都是在工作中完成自我塑造的。这种工作的本能一旦偏离正轨，就很难找到补救的方法，即使以别人做榜样或是惩罚都是徒劳的。人用双手塑造自我、表现个性、表达智慧和意愿，进而一步步征服自己的环境。既然工作是孩子的本能，那么它必然也是人类的本能。

人们在工作中获得幸福和健康，孩子在工作中恢复正常。可是，为什么成年人那么反对工作，还把它当成是令人不快乐的东西呢？我想，或许是因为这个社会还没有找到正确的工作动机吧。人类工作的本能退化了，但它仍然在人们的心里，只不过它在占有欲、权力欲、冷漠和依附的作用下渐渐走入了歧途。这时，工作只能依赖于外界环境而存在，并成了人们竞争的手段。人们每天从事着强制性的工作，于是便对工作产生了厌恶。

可是，只要人们处于有利的环境中，工作就会成为一种内在的动力，让人们为之着迷，并不断地在工作中超越自我。我们可以在发明家、探险家、美术家等人中发现这一点。一个人只要能够激情地投入到这样的工作中，他热爱工作的本能就会释放出来。工作是促使人类文明发展的动力，是促使人类呈现出崭新面貌的力量。工作是人类独有的特征。

人们创造了一个新的环境，并在这一环境中开始了自然的生活，可是，这种环境却不能被称为人为的环境。这个环境并没有代替自然，而是超越了自然，所以或许我们称它为超自然的环境更为贴切。人们在这种超自然的环境中生活得越久，就越充满活力。

我们注意到，在自然史中有一个缓慢的进化过程，在这一过程中，新物种产生了。两栖动物从海生到陆生的变化就向我们揭示了这一进化的特点。人类最初也是生活在自然的环境中的，后来，人类为自己建造了一个新的环境，并将自然中可见的与不可见的力量都充分运用起来。

人类不仅在不同的生存环境中过渡，还不断地建构新的环境，并对新的环境产生依赖。如今的人类已经无法离开环境中的发明创造，所以没有人能够完全依靠自己生活下去。大自然为鸟儿提供了可以建巢的树枝，可是它并没有为人类提供类似的帮助，人类如果想要得到什么东西，就一定要从他人那里获取。在人类的世界里，每一个人都在为他人做贡献，每一个人也都在他人那里得到自己需要的东西。

虽然人与人之间存在依赖，但是一个人必须要有主宰自己生活的力量，他不能够让自己的生活随着周围环境的改变而产生剧烈波动，而是应该能够按照自己的意愿去生活。人和环境之间存在距离，但每个人都会或多或少地被周围的人影响。如果一个人的身边都是心理扭曲的人，那么这个人就处于高度危险之中。

所有的生物都有特殊的本能，并利用这种本能为宇宙做贡献。珊瑚改变了海岸，形成了岛屿和陆地；昆虫传播了花粉，使植物自我繁殖；秃鹰和豺狗清除了死尸，还有一些动物则生产出有用的东西。工作是人类的本能。在大自然的促使下，人类用建造某些东西来表现自己的存在，进而表现出最终的目的。如果人类不能分享宇宙的和谐，那真是不可思议的事。

地球上的每一种生物想要生存、繁衍，都离不开其他生物的帮助。所有生物共同形成了一个"生物圈"，在这个圈里，生物们不仅要保护自己，还要帮助其他生物，它们和谐地存在着。动物生产出的东西远远多于它们需要的，这些多出来的东西为宇宙提供了能量，所以动物被看成宇宙的工作者和自然规律的遵守者。人们为自己构建了一个超自然的环境，并生产出了许多超出自己需要的产品，所以说人类也遵守了自然规律。

我们不能根据自己的需要来衡量我们做的工作是否完美。很多人的心理严重地偏离正轨，所以他们的生活也偏离了人生目标。如果我们希望孩子能够健康成长，我们就必须给孩子听从自身本能指引的机会。我们必须要让孩子接受正常化的教育。

Part 27
两种不同的工作

虽然我们提倡成年人和孩子互相关爱、和谐共处，可是在现实生活中，成年人和孩子之间却常常出现不和谐。这是因为成年人不理解孩子，孩子也不理解成年人。

孩子和成年人之间产生的许多问题中，有一些很明显与两者之间的矛盾有关。成年人的工作很复杂，并且有很高的强度，成年人很难为了满足孩子的需要，或适应孩子的节奏和生活方式而改变自己的工作。对于孩子来说，想要适应成年人的节奏同样困难。我们可以用原始社会和我们现在的文明社会进行对比。在原始社会，人们过着简朴的生活，孩子很容易在这样的环境中找到一个属于自己的避难所。那时，成年人的工作比较简单，孩子可以自由地触摸身边的东西，也可以自由地做自己想做的事。成年人不会制止孩子的工作，也不会强迫孩子工作，孩子只要感到累了就可以休息。

但是，我们却不能在文明社会中看到上述的场景。孩子必须按照成年人制定的节奏工作、学习和生活，他们没有自由。机器的出现使孩子的生活节奏变得更加混乱。孩子没有办法自由地进行活动，他们在成年人过多的照顾和保护中感到压抑。现在的孩子就像一个孤立无援的人，游离在世界之外，没有人愿意为他们考虑，也没有人愿意给他们自由。

成年人和孩子的生活方式是不同的，所以我们必须相信这世上有两种不相同的工作类型。

成年人的工作

成年人把建立一个超自然的环境当成自己的义务。为了履行这项义务，成年人要求自己按照社会规范，全力以赴地工作。社会规范是人类为了达到共同目的而制定的，但是，除了那些产生在不同文化背景下的社会规范，还有一些属于工作本质的规律。这些规律具有普遍性，适用于所有人和时代。

劳动分工是所有生物中都存在的规律。由于不可能所有人都生产同一样东西，所以对于人来说，这条规律也是非常重要的。效益规律与具体某个人的工作有关。这条规律体现了人们希望能用最少的劳动取得最大的成果。这并不是说明人们不喜欢工作，而是表明了人们有一种想要事半功倍的期望。虽然这些规律并不总是能普遍适用，但它们仍然是有效的。一个人拥有的物质财富是有限的，但是他却总是想拥有更多的财富，于是他开始和别人竞争。竞争在野蛮动物中也会发生，比如说两头狮子争夺同一只山羊。

除了自然的矛盾冲突外，人的心理偏离正轨也会导致其他冲突的产生。人们对财产的渴望就属于其中的一种。这种对财产的渴望并不是指人类会将一些物品保管起来，它不是天生的，却是无止境的。占有欲也是偏离正轨的心理，它使人们之间产生裂痕，最后发展成人与人的相互仇恨。占有欲不仅会摧毁一个人，还会摧毁一个集体，使这个集体支离破碎。于是，劳动的自然分工被剥削他人的劳动取代了。看起来，这种指导思想很适合人类，因为它可以以人类的权利为伪装，在人类社会中树立起一个以这种思想为中心的原则。谬误一旦变成真理，受害的人就会越来越多，所产生的危害就越来越广。当所有人都被一种悲剧性的阴影所笼罩时，人们就很难意识到自己做错了，反而会把这种痛苦当成正常现象。

生活在成人社会中的孩子会觉得这个环境很奇怪。他们不能与成人社会产生联系，他们做的事也和成人社会的生产不沾边。我们必须承认，孩子不可能参与到成年人的社会活动中来。如果我们把成年人的工作比作用锤子打铁，很明显，孩子做不了这样的事情，如果我们把脑力劳动比作精密的科学仪器，那么孩子也不可能用这种仪器做出了不起的业绩。或者我们把成年人的工作比作拟定新的法律，孩子也不可能做得到这样的事情。

成年人的社会是有组织的，而孩子和这种有组织的社会之间并没有关联。孩子生活的"王国"与成年人的"社会"是截然不同的两个世界。孩子对成年人建立的社会感到陌生，也无法适应这样的社会，所以当孩子处在成人社会中时，他们显得非常不合群。孩子不能为成年人的社会生产做贡献，也不能影响成年人的社会体系，他们只会打扰成年人的社会秩序。天生好动的孩子会扰乱成人社会的平静，这也成为孩子不能适应成人社会的原因之一。

成年人希望自己不会被孩子打扰，所以对孩子的活动进行压制。一些成年人把孩子送进了托儿所或学校，为的是找人替自己看管这些"让人头疼的小家伙"。这种管理孩子的方式就像古时人们流放犯人的方式。孩子在成长为成年人之前要一直在学校接受管教，他们没有反驳的权利，也没有上诉的权利，他们只能服从。成年人就像是上帝，他们拥有至高无上的权力，而孩子什么都没有，他们从生下来开始就受到成年人的管辖。孩子必须从成年人那里获得必需品，所以他们只能依赖成年人。在孩子的心中，成年人就是一切的创造者和统治者，同时也是自己的监护人和恩人。孩子对成年人的依赖是任何人都比不了的。

孩子的工作

孩子虽然不能为成年人分担工作，但是他们也在时刻为了自己的任务而努力。造就自我是孩子天生的任务，这项任务很困难，需要孩子付出很多，所以我们说孩子可以被称为工作者和生产者。新生儿很软弱，连走路的力气都没有，可是早晚有一天，他们会长大成人。如果我们说成年人因为经历了许多磨炼才有了今天的智慧，那是因为我们也曾是孩子。

孩子在长大成人的过程中进行自我塑造，可是成年人却不能再度塑造自我。孩子被排除在成年人的世界之外，成年人也被排除在孩子的世界之外。孩子的工作和成年人的工作是相反的，他们在进行的是创造性的工作，也是一种无意识的工作。这种工作就像上帝创造人类时所做的工作一样。有谁知道上帝是如何创造了人类？没有人能说清楚。可是我们却能在孩子身上看到他们创造的细节。孩子的心力在工作中得到发展，每一天，孩子都在创造奇迹，就如同上帝创造人类时发生的奇迹一样。

我们可以说，孩子是成年人的父亲。成年人之所以拥有各种力量，全部来源于上帝曾赋予孩子的秘密使命。孩子为了完成这些使命而努力、积极地工作，并在工作中进行创造。我们必须记住，成年人正在使用并改造孩子的工作环境。孩子在练习中得到成长，他们需要进入到外界的环境中，并进行真正的创造性工作。

孩子想要成长，就必须练习和运动。在外界的环境中，孩子对自己的运动进行协调，并进行情感上的积累。孩子的智力得到了发展。他们想要学会说话，并努力地让自己练习说话。孩子用认真的心对待自己的成长，并按照事先计划好的路线发展，就像恒星会沿着自己的轨迹运行一样。事实上，我们可以对孩子每一发育阶段的身高进行预测，我们的预测结果也基本是正确的。我们知道孩子在5岁和8岁时，智力分别能够达到什么水平。因为孩子的成长计划是大自然制订的，所以我们连他们10岁时的身高和智力水平都能够预测得到。孩子不断地努力，在努力中积累经验、化解痛苦，最终成功地战胜了所有困难。孩子的行为渐渐变得成熟。成年人可以为孩子创造外界的环境，却不能为孩子创造内在的环境，因为孩子是靠自己的能力进行完善的。孩子在自我完善的路上不停地奔跑，所以如果成年人想完善自己，也应该像孩子一样付出不懈的努力。

成年人和孩子并不是完全分开的两个群体。从孩子的角度看，成年人依赖于孩子；从成年人的角度看，孩子依赖着成年人。在成人世界中，成年人是这个世界的主人，可是在孩子的世界中，孩子才是这个世界的主人。孩子和成年人都能够主宰世界，只不过他们主宰的是不同的世界。

两种工作之间的区别

孩子的工作分为两部分，即行动和外界环境中的实在物体。我们可以就这一点进行专门的研究。我们只要研究出孩子工作的起因和方式，就能将孩子的工作和成年人的工作进行比较。但是因为孩子和成年人的工作目的不同，所以它们之间存在的相似性非常有限。不过，无论是成年人还是孩子，都不清楚自己的目的究竟是什么。他们都不能根据自己的意志改变自己的目的。

所有的生物都需要借助外界环境进行生存和发展。生命也是一种能量，它能够通过对外界环境进行完善来使自己获得能量，并持续发挥创造力。比如，珊瑚虫为了建筑自己的房子，会把碳酸钙从海水中提取出来，可是在这过程中，它们还建成了陆地。虽然建构陆地并不是珊瑚虫的最终目的，可是它们却时刻都在进行这项活动。所以，我们在研究珊瑚虫和珊瑚礁时，可以抛开陆地的形成不谈。这种情况对于人类来讲也是一样的。

孩子进行创造性活动的最终目的只有一个，那就是长大成人。这说明孩子的最终目的也是显而易见的。可是，虽然我们可以研究孩子的身体细胞，也可以研究孩子的工作细节，我们却不能从他们的活动中观察出他们想要长大成人的最终目的。

生物活动的直接目的与最终目的相隔甚远，这就意味着生物在工作时必须依赖于环境。

大自然在揭示某些秘密时会采用一些非常简单的手段。比如，我们可以在蚕的工作中注意到它们的劳动产品——蚕丝，并用蚕丝制作一些贵重的织品。蜘蛛同样会产丝，可是这些丝非常脆弱，人们常常会一看到它们就把它们清除。蚕丝是由未成年的蚕吐出的，而蜘蛛丝是成年的蜘蛛吐出的。我们对这两种现象进行比较，可以认识到，成年人和孩子的工作虽然同为真正的活动，可是活动的目的却完全不一样。

对我们来说，了解孩子工作的性质是非常重要的。孩子不会带着某种目的工作，他们把工作本身看成目的。孩子不会为了达成某种外在目的而重复地进行某项练习，他们也不会因为劳累而停止某项工作，因为孩子是充满活力的。

孩子和成年人工作的自然规律存在着根本上的差异。孩子不遵循效益法则，他们把大量的精力花费在没有任何外在目的的工作中，并在每一个环节完全释放潜能。外在的目的和行为只会偶然有重要性，而环境和孩子内心生活的完善之间却关系密切。心灵得到升华的人只会为了使自己的内心得到完善才利用外界的东西，他们不会对外界的东西过于迷恋。相反，还有一种人，他们过着平凡的生活，他们总是为了追求某些外在的目标而宁愿牺牲一切，哪怕是自己的健康和生命。

孩子和成年人的工作之间还有一个明显的差异，即孩子不会为了获得或寻求帮助而工作。孩子不但必须自己工作，还要靠自己的能力做到最好。除了他们自己，没有人能够帮得了他们。孩子也可能加快成长的速度。所有正在生长发育的生物都会按照一个预定的计划进行发展，既不能拖延，也不能提前。大自然非常严厉，任何偏离正轨或违背计划的人都会受到惩罚。

孩子拥有与成年人不同的动力。成年人为了外在的目的而努力并牺牲，而能够使成年人达到这些目的，只有童年时拥有的力量和勇气。另一方面，孩子不会对工作感到疲惫，他们能在工作中增加自己的力量。孩子不会要求身上的负担变轻，他们只希望能够靠自己完成这份使命。孩子的生存和发展都依赖于工作，如果不工作，他们就会死亡。

成年人如果不了解我上面所说的事情，就永远不能理解工作对孩子有多重要。不了解这一点的成年人会为孩子设置很多障碍，并让孩子按照自己的意思工作。成年人没兴趣在一件简单的事情上花费过多时间和精力，所以他们替孩子做了很多本应该让孩子自己做的事情。

成年人如果能够给孩子活动空间，孩子一定会大声叫着"我要做这个"或"我要做那个"。我们的学校为孩子提供了这样的环境，孩子会说："我要自己做，这对我有帮助。"由此我们能看出孩子是多么需要自己动手做事情的机会。

成年人必须给孩子自己工作的机会，只有这样才能真正地帮助到孩子。孩子需要生机勃勃的环境，他们不需要享受生活，而需要完善自己的活动。显然，只有了解孩子内在需要的人才能创造出这样的环境。所以，我们的教育理念既不同于"什么都为孩子做好"的想法，也不同于"让孩子永远处于被动"的观点。

成年人不仅要为孩子准备一些适合他们身材的用品，还要接受如何帮助孩子成长的训练。

Part 28
主导本能

　　成熟和未成熟是自然界存在的两种对立的生命形式。成年人的生活中充满了斗争，也许像拉马克所说的"冲突起源于对环境的适应"，或者像达尔文所说的"冲突起源于竞争和自然选择"。按照达尔文的观点，冲突不仅促进了物种生存，还达到了自然选择。

　　我们可以比较一下人类社会的发展历程和动物世界的发展历程。人类为了活下来，要与环境做斗争，在这一过程中，人们会因为爱而结合。达尔文对进化的发展历程进行了探索。"进化"指的是物种的逐渐完善、适者生存、两性间的征服和物种之间的竞争。这种理论近似于唯物主义历史学家的理论，即人类的进化是由于人们之间的竞争和奋斗而产生的。

　　成年人各种各样的活动是我们撰写人类历史时唯一的参考资料。但在自然界中，年幼的和正在生长发育的生物才能够使我们真正理解生命的秘密。刚出生的生物非常弱小，还没有成形，他们在器官出现前就已经存在了。所以，一定还有另一种生命形式、另一种生存方式与刺激。这种方式与刺激和成熟个体与环境之间产生的方式与刺激不一样。我们可以在正处于生长发育的生物身上发现生命的关键所在，而成熟个体的经验只能解释一些生物中的偶然事件。

生物学家对生物幼年时期生活的研究表明，所有生物都拥有潜能。生物学向人们显示了物种通过内在的引导保护自身的方式。我们可以把这种方式称为"主导本能"，用于把它和生物面对环境刺激时的本能反应区分开。

从生物学的角度来讲，所有本能都可以分为个体保存的本能和物种保存的本能，如个体和特殊环境间的短暂冲突和生命延续所必不可少的本能引导。自我保护属于瞬时性的个体保存的本能之一。物种保存的本能中有一种将导致两性间结合或对抗的反应。这些本能时间较短，但效果激烈且明显。后来，人们开始关注那些既与个体相关，又与物种相关的、持续时间较长的本能，并称这种本能为"主导本能"。

生命的所有功能都和这些主导本能有关。它们不会对环境做出太多反应，我们可以把它们看作是一种非同寻常的思维。这些主导本能以知识和智慧为特征，指导各种物种达到永远保存。婴儿也受到这些主导本能的指导和保护。婴儿虽然正在成长，但他们还没有人类物种的特征，除了生存，他们没有任何取胜的希望，是主导本能抢救了这些小生命。

有一种与母性有关的主导本能被视为物种生存的关键，而另一种主导本能则出现在敏感期中，与个体的生长有关。虽然女性是物种的生育者，但并不是只有女性才有母性的本能，它在父母双方都可以找到。这是一种神秘的力量，它的存在是为了保护物种的存在。所以"母性本能"只是一个一般性的定义，它与保存物种的本能有关，所有的生物都具有这种本能。例如，母性本能会使动物暂时失去其他成熟的本能，还能使凶猛的动物暂时变得温柔。一只外出的鸟总会把目光凝视在巢里，不论发生什么都不扔下它的巢。物种固有的本能能改变一种生物的特点。有的物种会为后代建筑避难的小窝。每一个物种都遵循自己的计划，这也是受到母性本能的指导。人们可以通过观察鸟巢来判断这只鸟属于什么种类。

　　昆虫的建筑技术非常高超，蜜蜂能建起一座几乎完美的王宫，蜘蛛会纺织巨大的捕虫网，还会在产卵的时候织一个小袋，用来保护自己的宝宝。这个小袋通常由两层构成，它既防水，又能抵御外界环境中的寒冷和潮湿。蜘蛛对这个袋非常依恋，它甚至没有注意到卵的存在，可是它做的一切都是为了保护孩子，是本能在促使它这样做。蝴蝶以花蜜为食，可是却不会将卵产在花上，这也是由于本能的引导。这种本能代替了觅食的本能，促使蝴蝶去吃一种对自己没有好处，却对幼虫有益的东西。昆虫们就是这样遵从自然的命令。虽然这些命令与昆虫本身没有关系，但是它们却对整个昆虫物种有益，所以昆虫都服从于这些命令。瓢虫和类似的昆虫为了方便幼虫进食，会把卵产在叶子较低的部位，一些从来不吃植物的昆虫会为了给后代提供营养而吃植物，是本能告诉它们什么对它们的后代有益。

　　一种生物一旦肩负种族繁衍的使命，它就会改变自己的习性和本身，这时曾经一直引导它自身发展的规律就会丧失作用，它似乎停下来等待一个自然奇迹的诞生，而这个奇迹就是生育后代。

新生儿能够适应外部世界是大自然创造的奇迹之一。新生儿借助敏感期部分本能的帮助，克服了接踵而来的困难。大自然时刻密切关注自己定下的规律，并督促所有生物遵守这些规律。成年动物必须在主导本能允许的范围内保护自己的物种。

鱼和昆虫的例子让我们看到，成年动物和刚出生的动物在主导本能的作用下会呈现出不同表现。低等动物的父母和后代之间没有联系，但高等动物中，妈妈的主导本能和孩子的敏感期是一致的，它们能够相互协调。所以，妈妈和孩子之间能够产生爱，这种爱还能扩展到整个社会中，由社会照顾下一代，比如，昆虫的群居。

主导本能来源于生命的创造，决定物种的生存，并保护了物种的生存和繁衍。生物在照顾后代时受到一种情感的影响，很容易完成自然赋予它们的使命，并在这一过程中感受到乐趣。我们如果想快速地去了解成体的世界，我们可以说支配这个世界的规律也会出现例外情况。虽然自然规律看起来不可更改，但在某些时刻，它们却不起作用，因为新的规律更有利于新生儿同期的需求，所以它们征服了原有的规律。因此，生物在自然规律的不断更新中永恒地存在下去。

也许有人会问："人是怎么适应这些规律的呢？"人是一个高级综合体，所有低等生物有的自然现象人类都有。人类集中体现了所有动物的特点，并超越了动物。

我们说孩子和成年人是两种不同的生命形式，可是却很少有人知道这两种生命形式究竟是什么样的，以及它们在哪些令人崇敬的领域展现了自己。其实，这两种形式都不是显而易见的，我们很难在这个世界中同时找到它们。我们只能说，现在的世界是一个成年人主宰的世界。成年人只追求身外之物，只追求一种舒适的生活。对于成年人来说，除了征服和生产，其他事情都不重要。在竞争中，人的精力被削弱了。成年人会按照自己的逻辑把孩子看作另类的存在，他们认为孩子是没用的生物，所以他们尽量让自己远离孩子。或者，成年人会努力把孩子变成自己的样子，让孩子像自己一样生活。如果某一天，成年人变成了蝴蝶，他们就会把幼虫的茧弄破，让躲在茧里的幼虫像自己一样飞翔。如果某一天，成年人变成了青蛙，他们就会把蝌蚪从水里拉到岸上，让这些小家伙们像自己一样在陆地上呼吸，并想让它们变得和自己一样，拥有一身绿色的皮肤。

成年人让孩子向历史人物学习，却没有意识到孩子真正需要的是一种不同的生活方式和环境。这或许是因为人类是最高级的进化形式的原因吧。人类拥有智慧和力量，在工作方面占有优势。人类能够主宰环境，可是人类却没有为自己的后代做出足够的贡献。难道人类缺乏主导本能吗？难道人类完全没有从其他物种的繁衍中得到启发吗？

人类应该在一个美丽的地方为孩子创造一个生存的环境，还应该对孩子付出不需回报的爱；人类应该创造一个没有竞争，没有陋习的世界，抛弃惯有的行为方式，把自我克制作为生活的真谛；人类应该砸碎心中物质的镣铐，过一种崭新的生活；人类应该追求某种超越个体生命并能达到永恒的东西。而人类只有放弃从前的论证推理时，才能做到上述的那些事情。一个人应该在有了孩子后放弃自己的行为方式，杜绝一些思想，就像其他的生物一样。

当我们不再需要征服，而是需要心灵的净化和纯洁时，我们就会产生对单纯和平静的渴望。我们在平静中寻求生命的更新和复活的路径。我们只有离开从前的生活，放弃物质上的渴望，才能够走进孩子的世界。

Part 29
作为老师的孩子

如今，发现人的主导本能已成为研究的最重要的目标之一。我们是第一批开辟这一新的研究领域的人。我们证实了一些本能的存在，并指出了对它们进行深入研究的方法。但这种研究只能在正常的孩子中进行。也就是说，只有生活在适宜环境中的孩子才能成为我们的研究对象。这样，我们就能发现一种全新的、正常的人性。

无数经验已经说明了这一研究对教育和整个社会的重要意义。如果人类还有一种本性是我们不知道的，那么人类就应该形成一种不同的社会组织形式。这种正常的成人社会只有在教育的作用下才会产生。仅靠个别改革者的思想或力量的转变是不能够建造出这样的社会的，只有整个社会不断地进行更新，以及逐渐突显出来的孩子的世界才能为这种社会的建造提供力量和基础。

从这个世界中逐渐呈现出一些启示和指导，它们能引导社会达到正常的生活。理论的变更和个人的努力不能填补这个世界上关于孩子的巨大空缺。想要让人类变得正常，我们必须先保证孩子能够按自然的规律发展。只有孩子才能够帮助人类发展。

古代人曾呼吁人类要"了解自己"，这不仅表达了古代人的理想，还显示了生物科学正在萌芽。虽然人们已经在对身体健康的研究上取得了一定的成果，但对心理世界的研究仍然没有明显进展。人们通过解剖尸体了解了人体，而想要研究人的心理，我们必须研究新生儿。如果我们不能对孩子的正常化具备基本了解，我们就无法解决教育和社会的问题。

我们也应该用同样的方法解决成年人中的问题。我们需要发现指导人的心理发展的神秘规律，可是我们除了从孩子入手，没有别的办法。心理有偏差的人会迷恋于某种利益，并乱用这些利益。于是这些利益让世界上增添了许多罪恶。机器产生的罪恶就说明了这一点。人类在很多学科取得了长足进展，可是这些进展最终都成了使人类痛苦的帮凶。我们不能把希望寄托于外部的世界，想要让物质进步推动人类社会的进步，我们就必须把正常化看作是基本的社会需要。

孩子能够决定人类的未来。孩子的内心拥有强大的力量，并且隐藏着人性的秘密，只有保证孩子的心理不偏离正轨，人类社会才能正常发展。

Part 30
孩子应该享有的权利

19世纪之前，社会并没有给予孩子足够的照顾。孩子的成长完全在家庭中进行。2000年前，罗马的遗俗规定爸爸是孩子唯一的保护人。随着历史的发展，文明的进步，有关成年人的法律得到了完善，可是有关孩子的法律却仍没有出台。如果一个孩子出生在幸福的家庭，他能够得到正常的物质以及精神上的关怀和帮助，可如果一个孩子出生在贫困的家庭，社会也不会给他帮助，他只好成长在一个各方面都贫乏的环境中。社会没有要求爸爸妈妈们好好照顾孩子，国家也没颁布相关的法律，所以一男一女如果想要结婚，只需要领一张结婚证，再举办一个婚礼就可以了。

从这些现实中我们可以看出，社会并不关心这些幼小的工作者。虽然大自然赋予了他们建设人性的义务，可是和成年人相比，孩子一直处在一个被遗忘的角落里。

大约70年前，医生开始对孩子产生兴趣，并逐渐意识到孩子是社会的牺牲品。那时，抛弃孩子的现象更加严重。一直以来，人们把孩子的死亡当成自然现象，他们认为自己的后代直接去了天国，并不把对孩子的无知和忽略看成是罪过。由于没有专门为孩子服务的医院和专家，孩子的死亡率高得惊人。家长们直到看到如此高的死亡率后才恍然大悟。

当人们开始认识到应该为孩子做些什么时，一场广泛的、旨在激发父母本性的运动就开始了。专家们告诉爸爸妈妈们，不仅应该给予孩子生命，还要对孩子进行卫生保健，用科学的方法挽救孩子的生命。

19世纪的最后10年中，医生们发现孩子除了受到疾病的威胁外，还遭受了很多其他的痛苦。

在学校里，孩子们承受着社会强加给他们的痛苦。他们必须长时间伏在桌子上学习写字，结果脊椎的收缩和胸腔的狭窄导致他们患上了结核病。由于阅读的地方光线不充足，孩子患了近视。孩子们学习的地方过于狭窄和拥挤，这造成了他们身体上的衰弱。

除了这些身体上的痛苦，孩子也遭受了精神上的痛苦。在强制性的学习中，他们不但没有感受到乐趣，还变得没有自信，并对学习产生了恐惧和厌倦。可是爸爸妈妈们并不会考虑到这一点，他们只想看到孩子快速地通过考试。不管孩子是不是真的学会了，只要他们通过了考试，爸爸妈妈就松了一口气。当时的社会调查显示，一些孩子在上学前要挨家挨户地送牛奶，还有的孩子要在街头卖报纸，所以他们进入教室后往往疲惫不堪。这些孩子又饿又累，他们没有办法集中精力听讲，于是遭到了老师的责罚。老师用威胁的手段强迫孩子学习，或当着很多孩子的面指责那些学习不好的孩子，这让孩子们十分痛苦。

人们觉醒后，学校也进行了许多教学上的改革。现在医生和老师都在为了孩子的健康而努力。社会开始着手弥补孩子的损失。让我们回想一下人们觉醒前是如何对待孩子的。那时，没有人承认孩子的权利，也没有人认为孩子是重要的。耶稣基督为了让人们从盲目中苏醒，赐给了人类一个孩子，并告诉这个孩子："你只有真正成为一个孩子，你才能进入天国。"可是成年人丝毫没有理会耶稣基督的警告，仍然把自己当成孩子的榜样。这种盲目性已经严重到无可救药。

自古以来，教育就等于惩罚。成年人用自己的意图代替了自然和生命的规律。父辈们从《旧约全书》中认识到，孩子必须要接受惩罚，于是数千年来，人们把惩罚孩子当成了唯一的教育手段。每个国家惩罚孩子的手段都不同，但这些惩罚都严重地伤害了孩子的身心。

一些地方的人在孩子的脖子上挂一块羞辱孩子的牌子，或是在孩子的头上放一双驴耳朵，让孩子站在路上接受所有人的嘲笑；一些地方的人让孩子面墙而站，或跪在地板上；有些地方的人用教鞭或藤条抽打孩子。在惩罚孩子的方面，家长和学校是站在一条战线上的，孩子在学校接受过处罚后，回家也逃不了一顿斥责或毒打。

孩子在这样的环境下怎么能够保护自己呢？他们连申诉的地方都没有。老师和家长都认为这些惩罚对孩子有好处，于是他们联手惩罚孩子，甚至剥夺孩子的正常娱乐活动。不仅在过去，即使在现代，仍然有不少孩子经常遭受体罚。一些有教养的人不再鞭打孩子，但他们会用严厉的语言和威胁性的语调呵斥孩子，并认为这是自己的权利。

文明的进步要靠社会的推动。社会就像一列火车，而社会中的人就是车上的乘客。这些人睡得很沉，正是由于他们在沉睡，火车才不能快速前进。社会想要改革，就要先唤醒这些沉睡的人们，让他们听见外面的声音。现在的社会中，最需要做的事就是让孩子们脱离苦海，不再每天身处于危险之中。我们必须认可孩子的社会权利，给他们一个可以生存的环境，不再把本应该花在孩子身上的钱花在危害社会的其他东西上。

成年人用应该留给孩子的金钱满足自己的需要，这是极其错误的。想一想，为什么大自然中的各种生物都要为了下一代储存食物、建筑巢穴呢？难道它们不是为了自己的孩子吗？然而，人类却并没有学会这一点。成年人为孩子做的唯一的事就是使孩子活了下来。

社会从学校中攫取钱财时，没有人为学校辩护。人类用钱制造了武器，却没有为孩子制造一个家园。这些幼小的生命得不到保障，他们面临着疾病和死亡的威胁，也面临着精神上的折磨。成年人没有为孩子的健康成长做贡献，也没有保护孩子的权利，但是这个权利一旦被意识到，就再没有人可以否认它。现在，社会应该把本属于孩子的财产还给孩子了。

爸爸妈妈们的使命

爸爸妈妈只是孩子的监护人，而不是创造者。这就意味着爸爸妈妈负担着保护孩子的义务。他们应该尽力明白自己应该如何爱孩子，更应该为了保护孩子的权利而斗争。

近年来，人们对人权，特别是工人的权利比较关注，现在，我们应该关注孩子的权利了。人类的生存依赖于人的劳动，所以承认工人的权利对社会有重要意义。但是，如果我们说工人是人类物质财富的创造者，那么孩子就是人类本身的创造者。社会必须给予孩子最多的关怀，这样社会才能从孩子那里获得新的能量。

　　人们忽视、遗忘了孩子的权利，没有认识到孩子的价值、力量和孩子真正的本性，这是不可原谅的错误。爸爸妈妈需要联合起来改善社会并拯救孩子，这是大自然赐予他们的使命。如果他们不履行这份职责，人类的未来将不堪设想。

　　彼拉多本应该拯救耶稣基督，可是面对一群持有古代偏见思想的暴徒，他没有出手相救。如今很多爸爸妈妈就像彼拉多一样，眼看自己的孩子在社会中挣扎，却不肯伸出手帮助他们。社会上应该出现一种保护孩子的呼声，而这种呼声来源于爸爸妈妈对孩子的爱。就如爱默生所说，孩子就像弥塞亚，他们是为了引导人们重返天国，所以才降临到人间的。

图书在版编目(CIP)数据

童年的秘密 /（意）蒙台梭利著；艾安妮译.—北京：中国华侨出版社，2015.4

ISBN 978-7-5113-5412-9

Ⅰ.①童… Ⅱ.①蒙… ②艾… Ⅲ.①早期教育-教育理论 Ⅳ.①G610

中国版本图书馆 CIP 数据核字(2015)第087959号

童年的秘密

著 者	/ [意] 蒙台梭利
译 者	/ 艾安妮
责任编辑	/ 任媛媛
责任校对	/ 王京燕
经 销	/ 新华书店
开 本	/ 787 毫米×1092 毫米　1/16　印张/15　字数/180 千字
印 刷	/ 北京军迪印刷有限责任公司
版 次	/ 2015 年 7 月第 1 版　2020 年 5 月第 2 次印刷
书 号	/ ISBN 978-7-5113-5412-9
定 价	/ 48.00 元

中国华侨出版社　北京市朝阳区静安里 26 号通成达大厦 3 层　邮编：100028
法律顾问：陈鹰律师事务所
编辑部：(010)64443056　64443979
发行部：(010)64443051　传真：(010)64439708
网址：www.oveaschin.com
E-mail：oveaschin@sina.com